알칸타라의 성 베드로

기도와 묵상 안내서

기도와 묵상 안내서

교회 인가 서울 대교구 | 2020년 8월 4일
1판 2쇄 | 2020년 10월 19일

지은이 | 알칸타라의 성 베드로
옮긴이 | 호명환
교정교열 | 이충환
표지 및 내지 디자인 | 박선영

펴낸이 | 김상욱
만든이 | 조수만
만든곳 | 프란치스코 출판사(제2-4072호)
주　　소 | 서울 중구 정동길 9
전　화 | (02) 6325-5600
팩　스 | (02) 6325-5100
이메일 | franciscanpress@hanmail.net
홈페이지 | https://blog.naver.com/franciscanpress
인쇄 | 현문자현

ISBN 978-89-91809-79-6 93230

값 12,000원

이 도서의 국립중앙도서관 출판사도서목록(CIP)은
서지정보유통지원시스템 홈페이지(http://seoji.nl.go.kr)와 국가자료공동목록시스템
(http://www.nl.go.kr/kolisnet)에서 이용하실 수 있습니다.

CIP제어번호 | CIP 2020032824

알칸타라의 성 베드로

기도와 묵상 안내서

알칸타라의 성 베드로

기도와 묵상 안내서

"이 율법서의 말씀이 네 입에서 떠나지 않도록 그것을 밤낮으로 되뇌어, 거기에 쓰인 것을 모두 명심하여 실천해야 한다. 그러면 네 길이 번창하고 네가 성공할 것이다."

— 여호수아기 1장 8절 —

도미닉 데바스Dominic Devas, OFM가 번역하고
서문과 성인의 삶에 대한 간략한 소개 글을 넣음

영혼의 평화 PAX ANIMAE

"주님의 법령을 되새기고 언제나 그분의 계명을 묵상하여라.
그분께서 네 마음을 든든히 잡아 주시고 갈망하는 지혜를
너에게 주시리라."

— 집회서 6장 37절 —

이 책에 함께 게재된 영혼의 평화는
보니야의 요한 John of Bonila이 영문 완역함

차례

기도와 묵상 안내서　＊　헌정　10
　　　　　　　　　　　　출판자의 서언　13
　　　　　　　　　　　　도입글　27

제1부　　　　　　　　　　　　　　묵상을 논하다

1장　언젠가는 기도와 묵상에서 얻을 열매에 관하여　39

2장　묵상 주제에 관하여　44

　＊ 한 주간의 첫 번째 묵상 주제들

　　월요일 ― 죄와 자기-앎　47
　　화요일 ― 이승의 비참함에 관하여　54
　　수요일 ― 죽음에 관하여　60
　　목요일 ― 최후의 심판　66
　　금요일 ― 지옥의 고통　71
　　토요일 ― 하늘나라에 관하여　76
　　일요일 ― 하느님의 은혜들　82

3장　이 묵상들을 위한 적절한 시간과 그 의의에 관하여　87

4장　거룩한 수난에 대한 일곱 가지 묵상과 그에 필요한 방법　89

* 거룩한 수난에 대한 일곱 가지 묵상

　　　월요일 ― ⅰ 발 씻음과 복된 성체성사 제정　　93
　　　　　　　　ⅱ 지극히 거룩한 성체성사의 제정　　96

　　　화요일 ― 동산에서의 기도와 체포 한나스 앞에서의 재판　　99

　　　수요일 ― 가야파 앞에서의 신문을 받으심과
　　　　　　　　성 베드로의 부인 그리고 매 맞으심　　104

　　　목요일 ― 가시관 쓰심과, ECCE HOMO(이 사람을 보라),
　　　　　　　　그리고 십자가를 지심　　110

　　　금요일 ― 십자가에 못 박히심과 가상칠언　　116

　　　토요일 ― 창에 찔리심과 십자가에서 내려지심,
　　　　　　　　성모님의 슬픔과 묻히심　　123

　　　일요일 ― 고성소로 내려가심과 주님의 발현하심, 그리고 승천하심　　128

5장　기도의 수양으로 들어서게 해 주는 여섯 단계　　135

6장　기도 전에 필요한 준비　　138

7장　독서　　142

8장　묵상　　144

9장　감사　　146

10장　봉헌　　150

11장　청원　　152

12장　이 거룩한 수련과 관련된 특별한 권고들　　162

제2부　　　　　　　　　신심(헌신-devotion)을 논하다

1장　신심(Devotion-헌신)의 본질　183

2장　신심을 견지하기 위한 아홉 가지 도움　188

3장　신심에 방해가 되는 열 가지 장애　192

4장　기도에 전념하고자 하는 이들을 괴롭히는 유혹들과 그 치료제　195

5장　기도에 전념하는 이들을 위해 꼭 필요한 몇 가지 권고들　208

　＊ 우리 주님을 섬기기 시작한 이들을 위한 간략한 지침　219

　＊ 짧은 시간에 많은 진보를 이루기를 바라는 사람이 실천해야 할
　　　세 가지 지침　228

· · · · · · · · · · · · · · · · ·

영혼의 평화

　　＊　　**번역자의 소개글**　236

1장　우리 마음의 본질과 마음을 어떻게 다스릴 것인가에 관하여　243

2장　영혼의 평화를 위해 주의하고 보살펴야 할 것에 관하여　245

3장　어떻게 차근차근 평화의 거처를 지을 것인가　247

4장　이 평화를 구입하기 위해 영혼은
　　　다른 모든 위안을 매각(포기)해야 한다　248

5장 하느님께서 영혼 안에서 일하시도록
　　　영혼은 어떻게 자신을 지킬 것인가　251

6장 우리 이웃에 대한 사랑을 위해 사용되어야 할 신중함과
　　　이 사랑이 평화에 좋지 않은 영향을 미치지 않게 함에 관하여　253

7장 영혼이 어떻게 당신 자신의 의지를 다 내려놓으신
　　　하느님 앞에 나아갈 것인가　256

8장 지극히 거룩한 성체성사에 대해 가져야 할 믿음과
　　　우리 주님께 자신을 어떻게 봉헌할 것인가에 관하여　262

9장 영혼은 선물이나 어떤 감각적 기쁨을 바라지 말고
　　　오직 하느님만을 바라라　264

10장 영혼은 평화를 거스르는 반감과 장애를 경험한다 해도
　　　절대 낙담하지 말 것이다　268

11장 악마가 평화를 방해하기 위해 사용하는 근면함과 우리가 악마의
　　　매복을 방지하기 위해 가져야 할 방어책에 관하여　271

12장 내면의 유혹이 영혼을 소란하게 하지 말 것이다　276

13장 어찌하여 하느님께서는 우리의 선을 위해
　　　이런 유혹을 우리에게 보내시는가　278

14장 영혼이 자신의 실패와 불완전함으로 인해
　　　불안해하지 않기 위해 사용해야 할 치료제는 무엇인가　283

15장 영혼이 어떻게 시간과 유익함을 잃지 않고 삶의 모든 전환점에서
　　　자신을 차분하게 유지할 것인가　287

＊　**옮긴이의 소회**　290

헌정

지극히 훌륭하고 독실하신
시우다드 로드리고의
로드리고 데 차베스 경에게 바침

　　지극히 훌륭하고 독실하신 로드리고 경, 경께서 확실히 모든 이들을 위해 좋은 길잡이가 될 간결하고 긴요한 형태로 기도에 관한 글을 쓰라는 명을 나에게 주지 않으셨다면 저는 이 책의 출판을 수락하지 않았을 것입니다. 값비싼 책을 구입할 수 없는 가난한 이들마저도 이 저가의 얄팍한 책을 손에 넣을 수 있을 것이고, 명료하게 쓰인 이 책을 통해 이해를 잘하지 못하는 단순한 이들도 기도에 관하여 쉽게 이해할 수 있을 것입니다. 저는 이 거룩하고 필요한 일을 하라고 부탁한 분에게 순종하는 것이, 이런 측면들을 고려해서라도 작지 않은 의미가 있다고 생각했습니다. 아울러 이런 거룩한 요청 때문에 이 책자가 주는 가치가 참으로 실질적일 것이라고 생각했습니다. 제가 경에 대해서나 우리의 온전한 선이신 그리스도 예수님의 애정과 사랑 안에서 연을 맺고 또한 혼인의 서약을 통해 연을 맺은 경의 배우자이자 동반자 프란치스카 부인에 대하여 애정과 온정을 갖지 않고 있다면, 이런 일이 저에게 절대 이득이 될 리 없습니다. 또 말하건대 그런 애정으로 인해 제 공덕의 일부가 그대들에게 돌아간다면, 이 일이 어찌 저에게도 좋은 일이 아니겠습니까! 하지만 그리스도인들이 형제들을 위한 선한 일에 참여한다고 해서, 그 형제들의 공덕을 감소시키지 않는 것이 분명한 사실이라면, 그대들이 저의 가장 소중한 자녀들이고 또한 그대들이 나를 사부로서 보살펴 주고 있기에 저도 그대들의 신심과 그대들의 모든 선한 일에 참여하는 것이라고 말씀드리고 싶습니다. 그대들의 거룩한 갈망과 고귀한 계획에 관하여 의문이 생겼을 때, 저는 제 교의의 부족함과 제 신심의 큰 열성으로라도 그대들에게 답을 주고자 했습니다. 이 주제와 관련한 책들을 여러 권 읽고 나서 저는 가장 유익하다고 여겨지는 것들을 모아 간략하게 정리하였습니다.[1] 하느님께서는 기도하고자 하는 모든 이들에게

---

[1] 1599년 이전 리스본 판에서는 이 헌정사에 다음과 같은 성인의 분명한 언급이 나온다. 여러 책 가운데 설교자 형제회(도미니코회)의 지극히 공경하올 관구장 신부님 그라나다의 루이스 형제가 최근 정리해 놓은 기도에 관한 책. 그는 이 책을 이용해 간결한 형태로 기도에 대해 알 필요가 있는 모든 것을 모아 놓았다고 기록하고 있다. 우발드 알렝송 Pére Ubald d'Alençon은 이처

이 책이 도움이 되게끔 허락해 주셨습니다. 왜냐하면, 이런 이유로도 이 책이 쓰였기 때문입니다. 그대들은 이 책을 통해 그대들의 선한 지향에 대한 영적 보상을 받을 것이고, 저는 여러분의 선한 의지의 열매를 상으로 받을 것입니다. 온전한 선이며 모든 선이 흘러나오는 주 그리스도께 모든 영예와 영광을 돌려드립니다.

럼 성 베드로의 것으로 여겨지는 『기도와 묵상에 관한 안내서』의 신빙성 관련 골치 아픈 질문에 대해 다음과 같이 결론을 내렸다. 1) 저자는 분명히 고농축하였다. 그러나 그는 본인의 생각에서 나온 자료를 인정하였다. 이는 그 당시로는 매우 드문 일이었다. 3) 이 안내서는 아마도 라 라파(바다호스)에서 대략 1556년경에 쓰였다. 4) 그라나다의 복자 루이스는 1566년에 본인의 본래 작품을 더 늘려 저술하였다. 성 베드로의 『안내서』 후기 본은 그라나다의 루이스의 저술에서 인용한 것들을 뺐다. 아마도 그 이유는 그 작품이 스페인 종교 재판에서 논란거리가 되었기 때문일 것이다. 과연 그렇기 때문에 이 작품은 성 베드로의 안내서이다.

출판자의 서언

『기도와 묵상 안내서』의 저자인 알칸타라의 성 베드로(1499-1562)는 스스로가 매우 거룩한 사람이었다. 성장한 후에는 자신의 온 생애에 걸쳐 참회의 삶을 충실히 살았고, 기적도 많이 일으켰으며 주기적으로 기적적인 일들을 체험하였다. 성 베드로의 영적인 딸인 아빌라의 성녀 테레사는 자신의 자서전에서 베드로가 3일에 한 끼만을 먹었고, 밤에는 한 시간만 잠을 잤으며, 그 외의 시간에는 책상에 앉아 있었다고 전했다. 성 베드로가 죽은 후 영광에 싸여 테레사에게 나타나서는 자신이 한 모든 참회 행위에 대해 아주 행복하다고 말했다고 한다.

성 베드로는 전문 저술가라기보다는 프란치스칸 수도회 내에서 자신이 속해 있던 한 분파를 위한 회헌을 작성한 사람이었다. 『기도와 묵상 안내서』는 그가 저술한 유일한 책이며, 그것도 자신의 귀족 후원자인 로드리고 데 차베스 경의 부탁으로 써서 그에게 헌정한 것이다. 만약 이런 부탁이 없었다면 그는 이 책을 절대 쓰지 않았을 것이다. 참 잘된 일이다! 이 책이 나오게 된 것은 참으로 큰 은총이다. 왜냐하면, 이 작은 책자에다 그는 기도에 관한 가톨릭교회의 모든 기본 방법과 방식을 명료하게 요약해서 담았기 때문이다.

『안내서』를 읽게 되면 대번에 이 책을 저술한 사람이 매우 뛰어난 영적 저술가임에 틀림없고, 분명히 이 주제에 정통한 스승이요 대단히 박학하고 유식하며, 특별히 이 주제와 관련한 사도직 분야에 투신한 사람일 거라 추측하게 될 것이다. 그렇다. 성 베드로의 이 소책자가 지닌 현저한 가치는 그 간결함과 전체를 망라함, 명료함, 통찰력, 지도력, 영감, 권위에 있다.

이 책이 우선은 사제들과 수도자들을 위해 쓰이긴 했지만, 그럼에도 불구하고 평신도들에게도 대단히 유용하다. 위에서 말한 이유로 인해 그렇다. 1) 간결하고, 2) 묵념 기도(mental prayer)의 주제를 잘 다루고 있으며, 3) 쉽게 이해할 수 있고, 4) 실질적인 지혜로 가득 찬 깊이 있는 책이며, 5) 매우 교훈적이고 교육적이며, 6) 특별히 묵상 부분에서 많은 영감을 주고(이런 영감은 이 책 어느 곳에서나 찾을 수 있음), 7) 권위와 확신과 신념을 갖고 저술된 책이기 때문이며, 성 베드로 개인의 성덕이 그가 주창하는 바로 그 기도 방식의 산물이기 때문이다.

알칸타라의 성 베드로의 삶은 그 자체로 잘 읽어 볼 만한 가치를 지닌다. 비록 그의 명성과 성과가 여전히 그의 영적인 딸 아빌라의 성녀 테레사로 인해 대부분 가려져 있긴 하지만 말이다. 그러나 출중한 인물들은 대개 다른 거장들의 어깨 위에 서 있는 것이 일반적이다. 예를 들어, 성 토마스 아퀴나스가 대 알베르토의 어깨 위에 서 있는 것과 같고, 그 두 사람이 또 성 아우구스티누스와 플라톤, 그리고 아리스토텔레스의 어깨 위에 서 있는 것과 같은 것이다. 그러나 알칸타라의 성 베드로의 삶과 작품의 위대함이 그 아름다움과 광채로 세상에 빛날 때가 이제 올 것이다.

이 『안내서』는 독자가 지혜를 얻으려고 죽 읽고 나서, 바로 다른 가톨릭 서적을 읽기 위해 시선을 옮길 그저 또 다른 거룩한 책 중 하나가 아니다. 오히려 이 책은 여러분의 기도 생활과 영적 발전을 위한 안내서요 편람이며 길잡이로 간주되어야 한다. 이 책은 여러분이 한 손에 펜을 들고 읽어 가면서 여러분의 기도와 성덕의 성장을 위해 여러분에게 개별적으로 특별히 다가오는 부분에 밑줄을 그으며 읽을 만한 책이다. 그 내용을 온전히 배워 삶에 적용해 가면서 여러분 자신의 영적 수양법을 구축해 줄 신뢰할 만하고 실질적인 기교로 가득 찬 책이 바로 이 책이다. 이 『안내서』는 늘 지니고 다닐 책(vade mecum — 나와 함께 가는 것)이어야 한다. 여러분은 이 책의 주요한 요소들을 모두 터득할 때까지 이 책을 지니고 다니면서 반복하여 들여다보아야 한다. 다른 위대한 영신 서적들도 물론 읽어야 하지만, 우리가 매일 기도해야 하므로, 여러분의 기도와 묵상에 도움이 되기 위해 이 책을 늘 가까이 두어야 한다.

성 베드로는 매일 한 시간 반에서 두 시간 동안 묵념 기도(mental prayer)에 전념하라고 권하는데(이 책의 170쪽), 각주를 보면 아빌라의 성녀 테레사는 하루에 두 시간을 그렇게 기도하라고 조언해 주고 있다. 어쩌면 본당에서 일하는 사제들과 세상에서 일하며 살아야 하는 사람들, 어린 자녀를 둔 어머니나 아버지 들, 그리고 학생들과 오랜 시간 동안 일하는 사람들에게는 이 시간이 꽤 긴 시간처럼 보일지 모른다. 그럼에도 불구하고, 성 베드로와 성녀 테레사, 그리고 다른 여러 위대한 성인들에게는 열매 풍성한 묵념 기도를 하기 위해 이 정도의 시간이 일상적으로 요청되었다고 한다. 매일 왜 이렇게 많은 시간이 필요할까? 답은 매우 단순하다. 특별히 초보자들에게는 마음과 몸에 침잠이 필요하고, 더욱이 마음에는 묵상 주제에 초점을 맞추기 위해 이만큼의 시간이 필요하다.

그렇다면 주어진 일 때문에 묵념 기도에 그만큼의 시간을 할애할 시간이 거의 없는 사람들은 어떻게 해야 할까? 어떤 부모들은 다른 가족들과 세상 사람들이 아직 잠들어 있는 시간인 새벽

4시나 4시 30분에 일어나 이 기도를 함으로써 그런 문제를 해결하기도 한다. 시간이 많지 않은 사람들은 이와 같은 실천을 시도해 보아야 한다. 물론 이 경우도 이른 시간에 잠을 희생한다 해도 자기에게 주어진 일을 하는 데 지장이 되지 않는 한도 내에서 시도해야 한다. 성 베드로는 말하기를 묵념 기도에 매일 한 시간 반이나 두 시간을 할애할 수 없는 사람들은 이 문제를 해결해 달라고 우리 주님과 성모님께 청해야 한다고 한다. 그리고 성 베드로는 덧붙여 말하기를, 주기적으로 이 기도를 실행하기 위해 요구되는 시간을 할애하는 것이 아주 적은 시간을 할애하는 것보다 더 많은 열매를 맺을 수 있고, 기도에 있어 더 성공적인 효과를 낸다고 한다.

    교회 박사이자 111권의 책(이 중 많은 책이 평신도를 위한 작품들이다)을 저술한 리구오리의 성 알폰소는 저명한 여러 책에서 묵념 기도가 구원을 위해 꼭 필요하다는 것을 주장한다. 왜 그런 것일까? 왜 그는 이런 놀랄만한 주장을 하는가? 인간의 본성을 생각해 볼 때, 그리고 우리 믿음의 관점에서 인간의 상황을 살펴본다면, 우리 대부분은 일반적으로 이런 진실에 대해 숙고하지도 않겠지만, 이런 주장이 이해된다. 사람들은 그들이 생각하는 것을 행하는 데 거의 모든 시간을 할애한다. 우리가 만일 (이 묵념 기도를 통해) 하느님에 대해, 우리의 그분과의 관계에 대해, 그리고 우리 종교의 진리에 대해 전혀 생각하지 않는다면 우리 믿음(우리가 이런 조건에서 올바른 믿음을 가질 수 있다는 것을 전제로)은 우리의 행위에 별로 혹은 전혀 영향을 미치지 못할 것이다. 그러나 우리는 우리의 영원한 운명이 이승에서 우리가 한 바와 우리 죽을 때에 우리 영혼의 상태에 달려 있다는 것을 알고 있다. 왜냐하면, 우리 주님께서 몸소 이렇게 말씀하시기 때문이다. "사람의 아들이 아버지의 영광에 싸여 천사들과 함께 올 터인데, 그때에 각자에게 그 행실대로 갚을 것이다"(마태 16,27). 우리는 일상 삶을 살아가면서 우리가 하는 일에 몰두하게 되고, 개인적 관심사로 인해 심란해지는 경향이 있다. 적어도 우리 삶의 궁극적 목적에 관해 정기적으로 묵상하지 않는다면 우리는 쉽사리 죄에 빠질 수 있다. 왜냐하면 우리 영혼 안에는 죄를 피하게 하는 데 필수적인 지성적 동기부여가 없기 때문이고, 또 우리가 죄를 더 지으면 지을수록 죄에 대해 별로 진지하게 생각하지 않기 때문이다. 우리 믿음의 진리를 적어도 가끔씩이라도 묵상하지 않는다면(묵념 기도), 우리는 구원과 관련한 우리 삶의 위태로운 상황에 대해 전부는 아니더라도 거의 깨닫지 못하게 된다. 그러면 우리는 쉽사리 영적인 잠에 빠져, 그 잠에서 제대로 깨어나지 못한 채 우리 영혼의 구원에 꼭 필요한 발걸음을 한 발짝도 내딛지 못할 것이다.

성 알폰소는 자신의 저서들 여러 곳에서 우리가 기도하지 않으면 우리 영혼을 구원하지 못할 것이라고 말한다. 왜 그럴까? 그는 우리가 이 목적을 달성하는 데 있어 하느님의 은총이 꼭 필요하기 때문이며, 하느님께서는 우리가 청하지 않으면 은총을 허락해 주시지 않기 때문이라고 말한다! 다시 말하건대, 우리가 만일 우리 삶의 영적인 상태를 묵상하고 숙고하지 않으면 하느님의 도움을 거의 청하지 않을 것이 분명하다. 그는 또 우리가 기도 안에서 구원에 필요한 은총을 청하지 않는다면 우리에게 하느님의 도움이 없을 것이고, 그러면 우리는 길을 잃을 것이라고 말한다.

우리는 교회의 모든 공식 염경 기도 안에 어느 정도의 묵념 기도의 토대가 있다는 것을 알아야 한다. 이는 특별히 묵주 기도의 경우에 그러한데, 묵주 기도는 묵상 자료로 가득 차 있고, (잘 분석해 보면) 매우 정교한 기도 훈련으로 구성되어 있다. 이처럼 기도하는 사람이 자신이 외고 있는 말에만 집중하고 어떤 묵념 기도를 하지 않는다면 그는 가톨릭교회 내의 공식 기도들 대부분을 바칠 수 없게 된다. 그럼에도 불구하고 성 베드로와 같이 묵념 기도를 주제로 다룬 저자들이 더 특별하게 말하는 묵념 기도란 이『안내서』에서 성 베드로가 설명하는 대로, 규정된 말을 사용하지 않은 채 온전히 의도적으로 묵상 활동에 전념하는 것이다. 이때 정신은 묵상을 통해 다양한 묵상 내용을 자유롭게 숙고하게(바라보게) 된다.

게다가, 여러분이 이『안내서』의 조언을 주의 깊게 숙고하게 될 때 여러분의 마음에 와 닿는 가르침이 있을 건데, 그것은 여러분이 기도와 영신 생활에 있어 성장하고 진보하거나 퇴보하게 된다는 가르침이다. 말하자면 이 과정에 어중간한 상태란 없다는 것이다. 우리는 우리가 영적으로 다다른 곳에 대해 절대 마음 편하게 만족하면 안 된다. 만약 거기서 안주하게 되면, 우리는 퇴보하게 되는 것이다. 우리 주님께서 말씀하신다. "나는 네가 한 일을 안다. 너는 차지도 않고 뜨겁지도 않다. 네가 차든지 뜨겁든지 하면 좋으련만! 네가 이렇게 미지근하여 뜨겁지도 않고 차지도 않으니, 나는 너를 입에서 뱉어 버리겠다"(묵시 3,15-16). 만일 여러분이 성장하고 진보하기 위해 분투노력하지 않으면 여러분은 퇴보할 것이다. 보통의 전투에서와 같이 영적인 전투에서도 우리가 점령한 지점을 그저 붙들고만 있을 수는 없다. 만일 그랬다가는 적에게 공격을 당해 패배하게 될 것이다. 우리 삶의 걱정과 매혹들과 편안한 삶에 대한 본능(관능의 만족에 젖는 것 혹은 사치스럽게 사는 것)에다가 우리가 범하는 습관적 죄들과 같은 요인들은 모두 함께 작용해서 우리를 영적 몽유병에 빠지게끔 하는데, 이것은 아주 위험한 영적 상태로서 반쯤만 의식이 있는 몽롱한 상태이다. 그래서 우리가 이런 상태를 전적으로 알아차리지 못할 수도 있기에, 훌륭한 기도 생활을 규칙적으로 한다 해도 영적으로 진보하기보다는 뒤쪽으로 미끄러져 내려 가는 결과를 초래할 수 있다.

    성 베드로는 이 문제에 대한 개선책을 제시해 준다. 세상에서 활동적으로 살아가는 사람들에게는 특별히 우리가 이미 바치고 있는 기도들 위에 다른 기도들을 그저 더해서는 안 된다. 그렇게 하면 우리는 '의무적' 염경 기도라고 여기는 시간경들로 인해 더 힘겨워지게 된다. 오히려 우리는 하느님께 대한 반복적인 사랑의 행위를 함으로써 이런 영적인 무기력감과 싸워야 한다. 이때 우리는 똑바른 의식으로 우리 삶을 헤쳐 나아가며 우리가 하는 모든 것 안에서 초자연적이고 희생적인 사랑의 태도로 승화되는 것이다. 결과적으로 우리 마음의 영적 '경화'(딱딱한 상태) 혹은 삶에서 오는 모든 산만한 것들이 합쳐져서 이루어지는 영적인 안주安住를 계속적으로 타파해 갈 수 있다. 산만한 것들이란 (위에서 언급한 대로) 편안함을 좋아하는 교묘한 마음이요, 우리가 범하는 죄에 대해 자기도 모르게 무뎌지는 마음이다. 물론 그렇다고 해서 하느님께 대한 지속적인 사랑의 행위들로써 특별하게 기도를 위해 할애하는 시간을 전적으로 대체할 수는 없다. 우리 주님께서 겟세마니 동산에서 세 명의 사도들 — 베드로, 야고보, 요한 — 에게 "너희는 한 시간이라도 나와 함께 깨어 있을 수 없더란 말이냐?"라고 말씀하셨을 때, 그분이 그 말씀을 그 특별한 시간에 그들에게만 하신 것이 아니라, 그 어느 때라도 우리 모두에게 이렇게 말씀하신 것이다. "너희는 전적으로 조금도 거리낌 없이 하루에 한 시간이라도 나에게 할애할 수 없느냐?" 왜냐하면, 그분은 이런 요청을 하신 후 "유혹에 빠지지 않도록 깨어 기도하여라. 마음은 간절하나 몸이 따르지 못한다"(마태 26,40-41)라고 말씀하시며 세 명의 제자들에게 경고하셨기 때문이다.

셰익스피어는 햄릿의 입을 빌어 이런 명대사를 남겼다. "존재하느냐, 존재하지 않느냐, 그것이 문제로다"(사느냐 죽느냐 그것이 문제로다). 어떤 철학자들과 문학 평론가들은 이 말의 의미를 '우리가 성장하고 더 커지느냐 아니면 퇴보하고 더 작아지느냐'의 문제로 해석하였다. 영적인 진보나 퇴보는 둘 다 매우 미묘해서 종종 우리 영혼 안에서 감지할 수 없는 발전의 모습을 지닐 수 있지만, 시인이신 하느님께서 분명하게 알고 계시듯이, 우리 삶에서는 항상 그 무언가가 일어나고 있다. 성장은 덕으로서나 악덕으로서 우리 영혼 안에서 계속해서 일어나는 것이다. 그렇기에 우리는 그것이 덕이 되도록 계속해서 기도해야 한다. 우리 주님께서는 이렇게 말씀하신다. "유혹에 빠지지 않도록 기도하여라"(루카 22,40). 또한 "너희는 조심하고 깨어 지켜라. 그때가 언제 올지 너희가 모르기 때문이다"라고 말씀하시고, "예수님께서는 낙심하지 말고 끊임없이 기도해야 한다는 뜻으로 제자들에게 비유를 말씀하셨다"(루카 13,1). 덧붙여서 성 바오로는 우리에게 다음과 같이 권고한다. "끊임없이 기도하십시오. 모든 일에 감사하십시오. 이것이 그리스도 예수님 안에서 살아가는 여러분에게 바라시는 하느님의 뜻입니다"(1테살 5,17-18). 이 『안내서』는 우리에게 있어 어떤 것이 덕이고 어떤 것이 악덕인지를 확인하는 법을 가르쳐 줄 것이다. 이 덕과 악덕은 끊임없이 우리 영혼 안에서 토대를 마련하게 되어 있다.

이처럼 묵상과 기도는 구원에 필수적인 것이다. 묵상은 우리 마음에 하느님과 그분의 진리의 현실을 계속해서 일깨워주며, 청원 기도는 우리 영혼의 구원을 위해 하느님께로부터 은총이나 도움을 청하게 해 준다. 하느님께서는 우리 인간을 이성적인 피조물로 창조해 주셨기에, 우리는 우리 삶을 잘 이끌어가도록 우리의 정신을 바로잡아 줄 필요가 있다. 이렇게 할 때 영원한 신앙의 진리에 대한 묵상은 우리로 하여금 평정의 상태로 들어서게 해 준다. 말하자면 묵상을 통해 참된 종교의 현실에 우리 정신이 눈뜨게 되고, 우리는 우리가 왜 이 지상에서 살아가고 있는지, 그리고 우리 영혼의 구원을 위해 우리가 무엇을 해야 하는지를 깨닫게 된다. 이런 이유로 인해 묵상 혹은 묵념 기도는 우리 구원을 위해 대단히 중요하다. 그렇기에 — 이 주제에 대해 쉽게 이해할 수 있으면서도 세부적이고도 권위를 지니고 있는 —『기도와 묵상에 관한 안내서』는 우리 구원과 영원한 생명을 얻는 데 있어 우리를 도울 필수적인 도구 역할을 해 준다.

이번 판『기도와 묵상 안내서』의 출판을 위해 보니야의 요한 John of Bonilla의 작품「Pax Animae」(영혼의 평화)라는 짧은 작품이 함께 실려 있는 도미닉 데바스Dominic Devas, OFM의 번역본(Burns와 Oates, 그리고 Washbourn에 의해 출판됨)을 사용하였다. 기본적으로 내용은 원 번역본과 같지만, 다음과 같은 변화를 주었다. 1) 새로운 조판 형식으로 완전히 새롭게 책을 냈다. 2) 전체 본문에서 구두점은 수정하였고, 불필요하고 잘못된 구두점들, 특히 많은 고문서들에 나타나는 전형적인 문제인 콤마의 과도한 사용 등은 모두 다 삭제하였다. 3) 모든 성경 인용문들을 정확성을 기하기 위해 신중하게 점검하였다. 4) 본문의 모든 성경 인용문과 몇 개의 다른 인용문들은 읽기에 수월하게 하려고 각주에다 옮겨 놓았다. 5) 저자가 분명히 딱 부러지는 문장들을 사용하였기 때문에(물론 번역자의 것일 수 있지만), 생략된 단어들이 많이 있다. 대개 전후 맥락을 보면 이해가 될 수 있긴 하지만, 여기에는 "생략된 단어들"을 다 포함하였다(이는 오직 번역본의 이해를 돕기 위한 것임). 그러나 더러는 이해를 돕기 위해 그 단어들을 괄호 안에 넣기도 하였다. 6) 어떤 경우에는 더 쉬운 이해를 위해 문장의 순서를 재조정하였다. 7) 저자가 진지하게 숙고할 만한 점들을 연속적으로 가리키는 부분에는 괄호로 된 숫자를 첨부하였고, 그 부분들을 잘 보이게 하려고 굵은 글씨체로 써 넣었다. 8) 각주들은 재편집되었는데, 필요한 경우 더 자세한 설명을 넣기도 했고 새로운 각주를 넣기도 하였다. 이런 경우 "-Editor, 2008"이라는 표시를 각주들 뒤에 넣었다. 9) 성 베드로의 헌정사와 도입 글이 이번 판에 들어갔다.

그리고 『기도와 묵상에 관한 안내서』 출판 역사 초기에 다른 짧은 논고 「Pax Animae」가 부록으로 포함되게 되었는데, 이번 판의 목적에도 부합하기에 이 책에도 싣기로 하였다. 하지만 묵념 기도를 진지하게 하는 독자들에게는 특별한 경고, 혹은 주의가 필요하다.

묵념 기도를 위한 안내 책자는 이 『안내서』이지, 「영혼의 평화」가 아니다. 「영혼의 평화」는 다른 저자에 의해 쓰였고 『안내서』의 관점과는 다른 관점에서 주제를 다루고 있는 만큼 완전히 다른 책이므로, 『안내서』를 다 읽고 나서 바로 이 글을 읽게 되면 성 베드로가 말하는 바가 상쇄되거나 『안내서』가 견지하는 효과가 희석될 수 있다. 그러므로 ―『안내서』에 들어 있는 조언을 참으로 실행에 옮기고자 한다면 ―「영혼의 평화」는 읽더라도, 조금 놔 두었다가 나중에 읽으라고 독자에게 강력하게 제안한다. 그리고 그 글을 읽을 때라도 그 글이 지닌 좋은 점만을 생각하여 읽어야지, 그것을 성 베드로의 글과 함께 읽는다든가, 성 베드로의 조언과 연결하여 생각해서는 안 된다.

앞서 말한 것들에 대한 결론으로, 『기도와 묵상에 안내서』를 통해 알칸타라의 성 베드로가 마음에 품고 이루어지길 바랐던 바가 독자에게 성취되길 바란다. 그리고 이 안내서가 독자들에게 더욱 풍성한 영적 삶을 가져다 주고, 그 삶의 아름다움에 대한 더 풍성한 의미를 알려 주며, 우리의 거룩한 교회 안에 들어 있는 숨겨진 가르침들을 알려 주길 바란다.

2008년 8월
샌버나드에서
출판자

도입글

I. 저자

성 베드로는 1499년 포르투갈 국경 근처의 스페인 마을인 알칸타라에서 태어났다. 알렉산데르 6세가 로마의 교황이었고, 헨리 7세가 영국을 다스릴 때였다. 스페인은 당시 대부분이 페르난도와 이사벨라의 훌륭한 통치하에 있었고, 베드로의 아버지는 알칸타라의 지사였다. 베드로는 소년 시절에 살라망카 대학교에서 2년여 동안 법학 과정을 밟았다. 16살에 되었을 때 그는 내부의 갈등이 있던 프란치스코 수도회에 입회하여, 미카엘 로코 Michael Roco 신부로부터 만자레스 Manjarez 수도원에서 수도복을 받았다. 서원 후에 그는 벨비스 Belviz로 파견되었다가 다시 바다호스 Badajoz로 파견되었다. 1524년에 그는 사제품을 받고 그다음 해에 로브레디요 Robledillo에 있는 로스 앙헬레스 Los Ángeles 수도원의 수호자(원장)로 임명되었다.

베드로는 13년 동안 사도직 삶에 열정적으로 투신하였는데, 주로 설교하는 일을 하였다. 1538년에 그는 성 가브리엘 관구의 관구봉사자로 선출되었다. 관구봉사자 시절 그가 선호하던 거주지는 플라센시아Placencia에 있는 성 미카엘 수도원이었는데, 그가 관구를 잘 이끌어가기 위해 고유규정을 작성했던 곳이 바로 이곳이다. 그는 그 수도원에 대해 잘 알고 있었다. 그곳은 수련소였고, 그 역시도 거기서 수련기를 보냈다.

1541년 그가 관구봉사자직을 마쳤을 때, 아굴리아Agulia의 요한 신부와 함께 포르투갈로 건너갔다. 그 몇 년 전에 요한 3세 왕이 (그의 가족과 함께) 이미 성덕에 대한 명성이 널리 퍼져 있던 성인에게 그곳을 방문하게 해 달라고 부탁한 바 있었다. 그 수도원은 아라비다Arabida 산맥 안에 있는 인적이 드문 곳에 있었다. 그곳은 베드로가 엄격한 프란치스칸 관상 보호구[1]를 세우는 데 도움을 주어 그의 이름과 모범에 대한 대단한 명성을 얻은 곳이었다.

1544년에 그는 성 가브리엘 관구의 평의원이 되어 스페인으로 돌아간 후, 다시 한 번 사도직 삶을 사는 데 전념하였는데, 특별히 3회(재속프란치스코회)를 확장하는 데 많은 일을 하였다. 1548년에 알콘첼Alconchel에서 있었던 관구 회의에서 그는 그를 관구봉사자로 선출하려는 형제들의 노력을 피하여 다시 포르투갈로 돌

---

1 보호자에 의해 운영되는 형제들의 작은 단위체(그룹).

아가 자신이 많은 관심을 갖고 있던 작은 보호구(Custody)를 견고히 하는 일을 하였다. 그 당시 그 보호구가 그곳을 이끌던 성 마리아의 마르티노 신부의 죽음으로 고통을 겪고 있었기 때문이다. 베드로가 이 일을 할 때 그의 친구인 보르자의 성 프란치스코가 그를 도와 주었다. 3년 후에 그는 스페인으로 돌아왔다. 1533년에 살라망카에서 개최된 총회에 참석하였는데, 그 당시 사람들이 생각하기를 그의 모습은 마치 그의 위대한 사부 성 프란치스코의 "살아 있는 이미지" 같았다고 한다. 그런데 그 후 그는 철저하게 공적인 일에서 물러났다. 그리고 1556년경에 바다호스 근처의 라 라파La Lapa에서 『Tratado del la Oración y Meditación』 즉, 『기도와 묵상 안내서』를 저술하였다.

이 시기에 그는 수도회 쇄신 작업으로 인해 바빴다. 1555년에 그는 필요한 권한을 얻기 위해 로마에 있었다. 그다음 해에 그의 지도를 받으며 참회자로 살던 지극히 신심 깊은 로드리고 데 차베스Rodrigo de Chaves가 페드로소Pedroso에 있는 땅을 그에게 주었다. 이 사람이 바로 베드로에게서 이 안내서를 헌정 받은 사람이다. 베드로는 그 땅을 받아들여, 거기에 이상적인 수도원을 매우 초라하게 지었다. 퇴위한 황제 카를 5세가 보르자의 성 프란치스코와 함께 애절한 호소를 하였지만, 그는 그곳에서 나와 포르투갈로 돌아가지 않았다. 그의 개혁운동은 기존의 선교단들을 흡수하기도 하고, 또 새로운 선교단들을 세우면서 신속하게 퍼져 나갔다. 16세기 말 무렵에는 이 운동이 스페인에서 주도적인 프란치스칸 영향력으로 작용했던 것으로 보인다. 베드로가 아빌라의 성녀 테레사와 친밀한 관계에 이르게 된 것은 그의 생애 말년 즈음에서였다. 테레사는 종종 극히 관대한 용어를 사용하여 그가 그녀에게 준 도움, 즉 개인적으로는 자신의 영적 지도로, 외적으로는 하느님께서 그녀를 위해 세워 주신 수도회를 재건하는 대업을 이루는 데 준 도움에 대해 감사를 표한다.

1562년 10월 18일에 성 베드로는 아레나스 수도원에서 세상을 떠났는데, 죽은 후 바로 무릎을 꿇고 성녀 테레사에게 발현하여 "안식에 들 것이라" 말했다고 한다. 그는 1622년에 복자품에 올랐고, 1669년 4월 28일에 성인품에 올랐다.

II. 책

몇 개의 편지들, 즉 성녀 테레사에게 쓴 글들과 그의 개혁 회헌 이외에 『기도와 묵상 안내서』가 우리에게 남겨진 그의 유일한 작품이다.[2] 16세기 스페인에서 나온 이 『안내서』는 『알칸타라의 성 베드로 영신 수련』이라는 제목으로 더 잘 알려져 있다. 왜냐하면 이 책은 묵상 책이라기보다는 내적 생활을 위한 지침서이기 때문이다. 성 이냐시오의 『영신 수련』처럼 이 책도 사람의 말로 末路, 즉 죽음과 심판, 천당과 지옥에 대한 생각을 제시하면서 시작하여, 그다음에 예수 그리스도의 인간성과 그분의 수난에 대한 숙고에 대해 이야기한다. 마지막 부분에서는 성 이냐시오는 사랑을 얻기 위한 관상을 다루는데, 성 베드로는 하느님 사랑을 위한 특별한 기도, 즉 그가 쓴 어떤 글에서도 나오지 않는 성인의 유일한 기도로서 끝을 맺는다. 이 부분이 바로 이 책의 정점을 이루는 곳이며, 이 기도는 참된 프란치스칸 정신을 담고 있는 정감 기도(affective prayer)의 냄새를 풍긴다.

성인의 관상에 대한 가르침에 주목해 보는 것 역시 흥미로운 일이다. 말할 필요도 없이 그는 평범한 사람이 관상의 목표를 가지는 것이 전혀 사치스러운 일이 아니라고 본다(가리구 라그랑주 신

---

[2] 정교한 작은 안내서, 「영혼의 평화」는 캐논 본 판으로 많은 이들에게 알려져 있고 성 베드로의 작품이라고 여겨지지만 실제로는 그 시대의 프란치스칸 보니야의 요한 신부의 작품이다. 『Traité de la Paix de l'Ame』 by P. Ubald d'Alençon: de Gigord, Paris, 1912, and 「Introduction infra」, p. 169 of this edition 참조.

부Fr.Garrigou-Lagrange는 이 의견에 동의한다). 반대로 그것은 묵상과 추론 기도[3]에 대한 일반적인 용어인데, 이 추론 기도는 관상으로 안내해 주는 '사다리'일 뿐이다. 묵상은 불꽃을 튀기기 위해 부싯돌을 치는 것이다. 그러나 성 베드로는 다음과 같이 말한다. "관상은 이미 불이 붙은 빛이다. ─ 다시 말해, 감성(sentiment)과 바람(원의)을 지닌 의지의 정감(affection)은 이미 존재하는 것이기에, 우리는 거기서 쉬며 침묵 속에서 그것을 즐기는 것인데, 거기에는 이성작용과 생각의 여행 같은 것이 더 이상 없고, 그저 진리에 대한 갈림 없는 집중과 바라봄만이 있다."[4] 여기서 성인은 분명히 능동적 관상이라고 올바르게 분류하고 있는 그 기도를 언급하고 있는 것이다. 그런 기도는 하느님께서 동반해 주시는 은총으로써 모든 이가 갈망하는 기도다. 그런데 수동적 관상은 매우 다른 것이다. 이는 특정의 선택된 영혼에게 하느님께서 주시는 은총이며 드물지 않게 "환시와 계시, 무아경 등과" 같은 것들이 동반되는데, 누구도 이런 것을 갈망하지 말아야 하며, "겸손 안에서는 발견되지 않는

---

[3] 정신의 성찰이 의지의 정감보다는 더 활동적인 기도의 형태. 이것이 '추론' 기도라고 불리는 이유는 같은 주제이든 다른 주제이든 간에 하나의 진리에서 또 다른 진리에 대한 지식으로 옮겨가는 정신의 활동이 이 기도에 있기 때문이다.(우리말 역자 주)

[4] 「Part II」, Ch. xii, 8th Counsel. 112쪽을 보라.

만큼 매우 위험스러운 것이기도 하다."⁵

   이 작은 책자의 실질적인 가치를 말하자면, 테레사나 프란치스코 살레시오와 같은 성인들이 이 책에 대해 말한 바를 상기시켜 주는 것으로 충분할 것이다. 테레사는 자신의 생애 13장에서 성 베드로의 기도에 관한 책에 관해 다음과 같이 말한다. "그 책은 거의 모든 이가 갖고 있을 정도다. 그리고 매우 순수하게 이 기도를 실행한 사람이 그 내용을 아주 훌륭하고 유익하게 저술했을 것이라는 점은 놀라운 일이 아니다." 프란치스코 살레시오는 브룰라 Brûlart 장관 부인에게 보낸 편지에서 아주 간단히 언급한다. "알칸타라는 기도에 있어 매우 훌륭한 사람입니다."⁶ 안달루시아의 유명한 사도 아빌라의 성 요한은 성 베드로에 대한 찬사를 달변가답게 하고 있다. 그리고 스페인 사람인 미라플로레스Miraflores의 카르투시안, 몰리나의 돔 안토니오Dom Antony of Molina는 자기 누이에게 묵념 기도 연구를 위해 알칸타라의 작은 책자를 사용하라고 권고한다. 안토니오는 자신의 책 『Exerciocios Espirituales』(영신 수련)에서 성인의 허락을 받아 영적인 위안의 문제에 관한 성인의 조언

---

5 Part II, Ch. V, 2nd Counsel.
6 『Letters to Persons in the World』, Ed. Mackery, p. 68.

을 인용하고 있다.[7]

III. 번역본

먼저 마이클 빌Michael Bihl, OFM 신부님이 자상하게 이 책의 본문을 찾을 수 있는 장소를 알려주지 않았다면, 그리고 우발드 달렝송Ubald d'Alençon, O.S.F.C. 신부님이 너무도 친절하게 당신이 갖고 있던 훌륭한 불어판 안내서를 무료로 사용하도록 허락해 주지 않았다면 이 번역본은 나오지 못했을 것이라는 점이 언급되어야 할 것이다.[8] 이 책이 없었다면 이 번역 작업을 착수하는 것은 정말로 불가능했을 것이고, 지금까지도 그저 내가 해야 할 일 목록에서만 남아 있었을 것이다. 나는 또한 1587년에 메디나 델 캄포Medina del Campo에서 출판된 스페인어판 본문도 갖고 있었다는 점도 덧붙여 말하고 싶다. 이 책은 최근에 안드레우 데 오세린-자우레지 Fr. Andrew de Ocerin-Jaugegui, OFM 신부님이 새롭게 출판한 것이다.

---

7 『Exerciocios Espirituales』, p. 47: Barcelona, 1776.
8 『Traité de l'Oraison et da la Méditation』: Paris, Librairie Saint-François, 1923.

나는 이 스페인어판 본문을 지속해서 참조하였고, 그 결과로 프랑스어판에서는 간과한 단어 한 개나 몇 개 안 되지만 문장을 추가로 넣을 수 있었다. 현재 남아 있는 성 베드로의 안내서 중 가장 오래된 것은 명백히 1558년경에 요한 블라비오John Blavio가 리스본에서 출판한 것이다.

기도와 묵상 안내서

"오늘 내가 너희에게 명령하는 이 말을 마음에 새겨 두어라.

너희는 집에 앉아 있을 때나 길을 갈 때나,

누워 있을 때나 일어나 있을 때나,

이 말을 너희 자녀에게 거듭 들려주고 일러 주어라."

— 신명기 6장 6-7절 —

제1부

묵상을 논하다

1장

....
언젠가는 기도와 묵상에서 얻을 열매에 관하여

　이 짧막한 안내서가 기도와 묵상에 관해 다루기 때문에 몇 마디 말로 이 안내서를 거룩하게 실행함으로써 얻게 될 열매에 대해 말해 줄 필요가 있을 것이다. 그럼으로써 사람들은 더욱 기쁨에 찬 마음으로 이 지침을 자신들의 삶에 적용할 수 있을 것이다.

　최상의 행복과 선을 얻는 데 방해가 되는 가장 큰 장애물 중 하나는 마음의 악한 경향이며, 또 옳은 일을 하는 데 있어 체험하는 어려움과 싫증이다. 이런 것들이 없다면 덕을 이루는 길을 달려 사람이 창조된 목적을 이루는 것이 매우 쉬울 것이다. 그래서 사도는 말한다. "나의 내적 인간은 하느님의 법을 두고 기뻐합니다. 그러나 내 지체 안에는 다른 법이 있어 내 이성의 법과 대결하고 있음을 나는 봅니다. 그 다른 법이 나를 내 지체 안에 있는 죄의 법에 사로잡히게 합니다"(로마 7,22-23). 그러므로 그대는 여기서 우리 악의 보편적 원인을 보게 될 것이다.

이런 불쾌감과 어려움을 없애는 데 도움이 될 가장 효과적인 도구 중 하나가 바로 신심(헌신, devotion)이다. 성 토마스가 말하듯이(IIa, IIae, q. 82, a.I.), 신심은 덕을 행함에 있어 기민함이요, 맞갖은 능력 이외에 다른 것이 아니다. 덕행을 통해 우리는 우리 영혼의 모든 어려움과 버거움을 날려 보내고 선한 모든 것을 재빠르게 실행할 준비를 갖추게 된다. 이는 영적 자양분이고, 신선함이며, 하늘에서 내려오는 이슬이요, 성령으로부터 우리 안에 훅 불어넣어진 숨결이며, 초자연적인 정감이다. 이는 사람에게 영적인 것에 대한 새로운 맛과 예리함을 주고 육감적인 것에 대해서는 새로운 불쾌감과 두려움을 주기 위해 사람의 마음을 조절하고 힘을 부여해 주며 변모시켜 준다. 영적인 사람은 매일의 경험을 통해 심오하고 신심 깊은 기도를 통해 자신의 모든 선한 결심을 자신 안에서 새롭게 한다는 것을 알게 된다. 이런 기도를 통해 선한 행위 안에서 그 사람은 은총을 받아 강하게 되고, 당신 자신을 매우 선하고 매우 온유한 분으로 보여 주시는 주님을 기쁘시게 해드리고 사랑하기를 희망하며, 새로운 과제를 성취해 내는 것과 주님을 위해 고통을 참아 받고 피를 흘리는 것에 대해 생각하고, 마지막으로 자신의 영혼을 온전히 새롭게 하고 활기를 띠게 해 주며 쇄신시킨다.

그대가 이런 신심에 다다르기 위해 아주 강력하고 고귀한 정감을 어떻게 얻는지를 내게 묻는다면, 거룩한 교회의 박사인 성 토마스가 이에 대해 답한 것을 말해 주겠다. 그것은 바로 신성한 것들에 대한 묵상과 관상을 통해서이다. 이런 깊은 묵상과 숙고는 우리가 신심이라고 말하는 의지 안에 있는 정감과 감성을 불러일으켜 주고, 우리에게 선한 행위를 하도록 자극하고 재촉해 준다. 그러므로 이 거룩한 수련은 성인들이 모두 강력하게 추천해 주는 것이다. 왜냐하면 이 수련은 신심을 견지하게 하는 수단이기 때문이다. 신심은 그 자체로 하나의 고유한 덕이지만, 그것은 우리가 다른 덕을 가질 수 있도록 우리를 준비시켜 주고 그 모든 덕으로 우리를 나아가게 해 주며, 그 모든 덕을 전반적으로 촉발해 준다. 그대가 이에 대해 확신한다면 성 보나벤투라가 얼마나 명확하게 이에 대해 말해 주고 있는지를 보라.[1]

"그대가 인내심으로 이 세상의 역경들과 불행들을 참아 받고자 한다면, 기도의 사람이 되어라. 그대가 적의 유혹을 이겨낼 힘과 용기를 갖고자 한다면, 기도의 사람이 되어라. 그대가 자기 의

---

[1] 『Meditations on the Life of Christ』, c. 73, 이 작품은 성 보나벤투라의 것이 아니라 프란치스칸인 요하네스 카울리부스Joannes Caulibus의 것임이 밝혀졌다. 콰라치 본 「Opera Omnia S. Bonaventurae」, t. x를 보라.

지의 모든 경향과 갈망과 더불어 그 의지를 꺾고자 한다면, 기도의 사람이 되어라. 그대가 사탄의 계략을 알아 그 덫에서 자신을 보호하고자 한다면 기도의 사람이 되어라. 그대가 즐거운 마음 안에서 살면서 참회와 희생의 길을 가벼이 걷고자 한다면 기도의 사람이 되어라. 그대가 파리처럼 영혼을 성가시게 하는 헛된 생각과 걱정을 떨쳐버리고자 한다면 기도의 사람이 되어라. 그대가 신심의 진수로써 영혼에 자양분을 주어, 영혼을 늘 선한 생각과 갈망으로 가득 차게 하고자 한다면 기도의 사람이 되어라. 그대가 하느님처럼 그대의 마음을 강화하여 바로 서게 하고자 한다면 기도의 사람이 되어라. 마지막으로, 그대가 그의 영혼으로부터 모든 악덕을 뿌리 뽑고 그곳에 덕을 심고자 한다면 기도의 사람이 되어라. 여기에서 사람은 모든 것을 가르쳐 주시는 성령의 도유와 은총을 받기 때문이다. 그뿐만 아니라, 그대는 관상의 정점에 올라서서 정배이신 분을 감미롭게 끌어안는 기쁨을 누리고 기도 안에서 그대 자신을 수양하라. 왜냐하면 이것이 바로 관상과 천상의 것에 대한 단맛으로 우리를 이끌어주는 길이기 때문이다. 이제 그대는 기도의 활력과 힘이 얼마나 대단한 것인지를 아는가? 지금까지 언급된 모든 것에 대한 증거는 — 거룩한 성경의 증거와는 별도의 것이지만 지금으로서는 충분한 증거로서- 우리가 듣고 본

것만으로도 충분할 것이다. 말하자면 우리가 위에서 열거한 것들을 성취한 단순한 많은 이들과 기도의 수양에 있어 더더욱 위대한 이들로도 그 증거가 충분하다는 것이다."

이것이 바로 성 보나벤투라의 말이다. 이것보다 더 풍부하고 충만한 보화를 어디서 찾겠는가? 이 주제와 관련하여 같은 덕에 대해 말하는 또 다른 거룩한 교회 박사의 이야기를 들어 보자.[2]

그는 말한다. "기도 안에서 영혼의 죄는 씻기고, 자애심이 자라며, 믿음이 강화되고, 희망이 굳건해지며, 영은 기뻐 뛰놀고, 영혼이 상냥해지며, 마음은 정화된다. 여기서 진리가 발견되고, 유혹이 극복되며, 슬픔이 없어지고, 감각이 새로워지며, 덕을 이루지 못한 것이 선해지고, 미지근함이 사라지며, 죄에 의해 녹슨 마음이 맑아진다. 기도 안에서 천상에 대한 갈망의 빛이 생생하게 생겨나고, 이 불꽃 안에서 신성한 사랑의 불이 타오르게 된다. 기도는 대단히 훌륭한 것이고 그 특전 역시 엄청난 것이다. 기도로써 하늘이 열리고 그 안에 있는 비밀이 베일을 벗으며 귀 여겨 들으시는 하느님께서 이 기도에 함께 하신다."

이 거룩한 수양의 열매가 어떤 것인지는 이 정도로 충분하다.

---

[2] 성 라우렌티우스 유스티니아누스St. Lawrence Justinian, 「Lignum Vitae: De Oratione」, c. 2.

2장

묵상 주제에 관하여

　기도와 묵상에 관한 엄청난 가치를 알아보았으니, 이제 우리가 묵상해야 할 주제에 대해 생각해 보자. 이 거룩한 수련의 목적이 우리 마음에 하느님에 대한 사랑과 경외심, 그리고 그분의 계명에 대한 충실함을 일으켜 주는 것이니만큼 이 수련에 있어 가장 적합한 주제는 그 목적에 가장 알맞은 것이어야 한다. 물론 모든 물질적인 것과 모든 영적이고 거룩한 것은 이 목적에 부합하는 것이다. 그러나 전반적인 측면에서 볼 때 신앙 고백에 포함되어 있는 우리 신앙의 신비는 가장 효과적이고 효력이 큰 것이다. 왜냐하면 이 신비에서 하느님이 주시는 선물이 헤아려지기 때문이다. 그것은 바로 마지막 심판, 지옥의 고통, 그리고 하늘나라의 영광인데, 이런 것들은 우리 마음에서 강렬하게 활동하여 우리 마음을 하느님에 대한 사랑과 경외심 쪽으로 움직여가게 해 준다. 여기서 그리스도의 삶과 수난 역시 바라보기에 여기에 우리의 모든 선이

들어 있다. 그런데 특별히 신경에서 주목하게 되는 두 부류의 주제가 있는데, 묵상하는 동안 이 주제들을 숙고하게 된다. 그렇기에 신경이 이 거룩한 수련을 위해 가장 적합한 사안들을 담고 있다고 말하는 것이다. 하지만 이렇게 말한다고 해서 다른 방식으로 자신의 마음을 가장 효과적으로 하느님에 대한 사랑과 경외심으로 움직여가는 사람 개인에게 그것은 최선이 아니라고 말해서는 안 된다.

　　새롭게 이 분야를 접하는 이들과 초보자들에게 이 과정을 소개하고, 이들에게 알맞은 자양분을 제공해 주기 위해 나는 여기서 내가 이미 체험했고 곱씹은 한 주간의 매일 아침, 저녁을 위한 두 개의 묵상 주제를 간략하게 제시하겠다. 이 주제들은 대부분 우리 신앙의 신비에서 가져온 것들이다. 우리가 매일 육신에 두 번의 식사를 제공하듯이, 비슷하게 우리 영혼에도 하루 두 번 자양분을 제공하는 것이다. 이 자양분은 신성한 것들에 대한 묵상과 숙고를 통해 나오는 것이다. 한 가지 세트는 그리스도의 거룩한 수난과 부활에 대한 묵상이다. 나머지 하나는 앞에서 언급한 다른 신비들에 대한 묵상이다. 하루에 두 번 자신을 성찰할 시간을 가질 수 없는 사람은 첫 번째 주에 하나의 세트를 묵상하는 데 전념하고, 두 번째 주에 다른 하나의 세트를 묵상할 수 있다. 아니면, 그리스도의 삶과 수난에 대한 [신비]에 몰두할 수도 있는데, 이 주제가 더 중요한 것이기 때문이다. 하지만 다른 것 한 가지를 소홀히 하는 것은 회개 초보자들에게 현명하지 않다. 왜냐하면 이 시기에 초보자들은 하느님에 대한 경외심과 뉘우침 그리고 죄에 대한 혐오가 요구되는 것이 일반적이기 때문이다.

한 주간의 첫 번째 묵상 주제들

월요일

죄와 자기-앎

오늘 그대는 죄에 대한 기억과 자신에 대한 앎에 집중할 것이다. 죄에 대한 기억은 그대 안에 있는 모든 악을 보여 줄 것이다. 자신에 대한 앎을 통해 그대는 그대가 하느님으로부터 오지 않은 것은 아무것도 갖고 있지 않다는 것을 확신하게 될 것이다. 이것이 바로 모든 덕의 어머니인 겸손을 견지하는 방법이다.

첫 번째 단계에서, 그대의 과거 삶의 죄들, 특히 그대가 하느님에 대해 잘 알지 못했을 때 저질렀던 많은 죄에 대해 생각하라. 이 숙고를 잘한다면, 그대는 그 죄가 머리카락 수보다도 훨씬 많다는 것과 그대가 과거에 하느님이 무언지를 알지 못하는 이방인들처럼 살았다는 것을 알게 될 것이다. 그리고 잠시 십계명과 칠죄종을 살펴보라. 그러면 그대는 그대의 행동이나 말이나 생각으로 죄에 떨어지지 않는 것이 하나도 없다는 것을 알게 될 것이다.

두 번째 단계에서, 하느님의 모든 은혜와 과거의 여러 시기들을 그대가 어떤 방식으로 살았는지를 생각해 보라. 그 모든 것에 대해 하느님께 해명해야 한다. 어린 시절과 청년기와 젊은 시절을 어떻게 보냈는지 말해 보고, 마지막으로 지난날들 전체를 어떻게 살아왔는지 말해 보라. 그대는 하느님께서 하느님께 봉사하라고 주신 몸의 감각들과 영혼의 힘을 잘 알아차렸는가? 그리고 그것들을 어떻게 사용했는가? 눈을 어떻게 사용했는가? 혹시 헛된 것에 시선을 두지는 않았는가? 귀는? 거짓을 듣지는 않았는가? 혀는? 모든 맹세와 중상을 위해 사용하지는 않았는가? 그리고 맛과 냄새, 촉각은? 쾌락과 육적인 욕구를 위해 사용하지는 않았는가?

그대는 하느님께서 치료제로 제정해 주신 성사들을 그대를 위해 어떻게 활용했는가? 그대는 하느님의 은혜에 대해 어떻게 감사를 드렸는가? 그대는 그분이 주시는 영감에 어떻게 응답했는가? 그대는 선한 삶을 살도록 주어진 건강과 에너지, 천부적 재능들, 자연의 선물, 제반 시설과 기회 등을 어떻게 활용했는가? 그대는 하느님께서 그대에게 맡겨 주신 이웃에 대해 어떤 관심을 가졌는가? 하느님 당신을 위해 명하신 자비를 행함에 관심을 가졌는가? 하느님께서 심판의 날에 그대에게 다음과 같이 말씀하신다면 그대는 어떤 대답을 하겠는가? "자네 소문이 들리는데 무슨 소리인가? 집사 일을 청산하게. 자네는 더 이상 집사 노릇을 할 수 없네"(루카 16,2 참조). 이 열매 맺지 못하는 나무여, 너를 위해 준비된 영원한 고통에 떨어져라! 그대는 그대 삶의 모든 순간을 상세하게 설명해드려야 하는 그날에 어떤 답을 할 것인가?

세 번째 단계에서, 그대가 지었고, 하느님에 대한 앎에 대해 눈을 뜨기 시작한 이래로 매일 짓고 있는 죄들에 대해 생각해 보라. 그러면 그대는 아주 오래되고 뿌리 깊은 많은 습관 속에 여전히 살아 있는 오래된 아담을 발견할 것이다. 하느님을 향해 얼마나 오만했는지, 그분의 은혜에 대해 얼마나 배은망덕했는지, 그분의 영감에 대해 얼마나 반항적이었는지, 그분의 자비로운 선물에 대해 얼마나 나태했는지를 살펴보라. 그대는 재빠르고 성실하게, 그리고 순수한 지향으로 그분을 위해 전혀 아무것도 해드리지 않고 있고, 오히려 다른 동기와 세상의 관심에 의해 좌지우지되고 있다.

덧붙여, 그대 자신에 대해선 관대하면서도 그대의 이웃에 대해 얼마나 무정한가를 생각해 보라. 그대는 자신의 의지와 육, 자신의 영예와 자신의 관심을 사랑하는 자가 아닌가! 그대가 얼마나 자만하고 야망에 차 있으며 불같은 성격을 지니고 있고 고압적이며 헛된 욕망과 질투심이 가득하고 악의에 차 있으며, 자기 멋대로이고, 존경심이 없으며, 음탕하고, 자기만의 재미와 이야깃거리, 그리고 하찮은 농담과 시시한 말에 몰두하고 있지는 않은가!

　네 번째 단계에서, 그대의 수많은 죄에 대해 차례로 성찰한 다음, 그 하나하나의 심각성을 곰곰이 생각해 보라. 그렇게 해서 그대는 그대의 처참한 모습을 하나하나 도려낼 수 있다. 이 목적을 달성하기 위해 그대는 과거 삶의 죄들과 관련된 세 가지 상황들에 대해 먼저 숙고해야 한다. 누구에게 죄를 지었는가? 왜 죄를 지었는가? 그리고 어떤 방식으로 죄를 지었는가? 그대가 누구에게 죄를 지었는지를 보게 되면, 그대는 결국 하느님을 거슬러 죄를 지었다는 것을 알게 될 것이다. 하느님의 자애심과 고귀하심은 한이 없고, 인간에 대한 그분의 은혜와 그분의 자비는 바다의 모래보다도 헤아릴 길 없다. 그리고 왜 그대는 죄를 지었는가? 영예를 위해 짐승 같은 쾌락을 위해, 하찮은 이득을 위해, 그리고 종종 아무런 이유 없이, 그저 습관적으로 하느님을 경시하여 죄를 지은 것이다. 어떤 방식으로 죄를 지었는가? 너무도 쉽고, 너무도 대담하게, 너무도 염치없이, 너무도 두려움 없이 죄를 지은 정도가 아니라 자주 너무도 잘 준비된 상태에서, 그리고 그 죄의 내용이 무언지도 잘 아는 상황에서 세상에 무엇이 스며들어 가는지를 전혀 알지도 보지도 못하는 목각 신神을 거슬러 죄짓듯이 죄를 지은 것이다. 이것이 그 엄위하신 분께 드릴 마땅한 영예인가? 이것이 그분의 그 큰 은혜에 대한 감사인가? 이것이 그대를 위해 십자가에서 흘리신 그 숭고한 피와 무수한 매질의 대가인가? 참으로 불쌍한 것은 그대가 잃은 것 때문인데, 더 처참한 것은 그대가 한 짓 때문이고, 가장 비참한 것은 그대가 그대의 가련한 역경의 상태를 인식하지 못하기 때문이다.

그다음에 꼭 필요한 것은 그대 마음의 눈을 고정하여 그대 자신의 공허함(무가치함)을 살펴보는 것이다. 그대 자신의 것이라고는 죄 외에 아무것도 없다. 그 외의 모든 것은 하느님에게서 오는 것이다. 자연의 선물과 은총의 선물(더 위대한 선물)이 온전히 그분 것이라는 것이 분명하다. 영원으로부터 주어진 은총(이 은총은 다른 모든 은총의 원천임)이 그분의 것이고, 성소의 은총도 그분께 속한 것이며, [우리가 선한 행위를 할 때 우리 모두에게 도움을 주는] 조력은총도 그분께 속하고, 인내의 은총도 그분께 속하며, 영원한 생명의 은총도 그분께 속한다. 그렇다면 그대의 무가치함과 죄 외에 그대가 가진 것이 무엇인가? 이 무가치함에 잠시 머물러 쉬라. 왜냐하면 이것만이 그대가 가진 것이고, 나머지는 다 하느님의 것이기 때문이다. 그래서 그대는 분명하고 확실하게 그대가 무엇이고 그분이 누구신지를 보게 될 것이고, 그대의 빈곤함과 그분의 부요를 보게 될 것이다. 게다가 결과적으로 그대는 그대 자신을 얼마나 신뢰하지 않아야 할지, 그리고 그분을 얼마나 많이 신뢰하고 그분을 사랑하며 그분 안에서 그대 자신을 영광스럽게 해야 할지를 알게 될 것이다.

내가 언급해 준 이 모든 점을 숙고하고, 그대 자신을 가능한 한 가장 미천한 자로 평가하라. 그대는 무게나 힘, 견고함도 없고 불안정하며 전혀 거세지도 않은 바람 앞에서 구부러지는 갈대와 같은 아무것도 아닌 존재라는 사실을 생각하라. 그대 자신을 나흘간 무덤 속에 있는 시체인 라자로라고 생각하라. 그 시체는 구더기가 우글거리고 끔찍해서 지나가는 사람들이 그 광경을 보고 모두 코를 막고 눈을 감아야 할 정도다. 그대가 하느님과 그분의 천사들 앞에서 이런 모습이라는 것을 상상해 보라. 그대는 하늘을 향해 눈을 들 자격도 없으며, 그대를 품어주는 이 땅과 그대에게 도움을 주는 피조물들, 그대가 먹는 모든 빵, 그대가 숨 쉬는 공기, 그 어느 것에도 가당치 않은 존재라는 것을 받아들여라. 루카 복음의 죄 많은 여인과 함께 그분의 발치에 엎드려라(루카 1,37-50 참조). 남편의 영예를 짓밟고 배신한 여인처럼 수치를 느껴라. 큰 슬픔과 참회의 마음으로 그분께 그대의 방황에 대해 용서를 청하

라. 그러면 그분의 무한한 선과 자비로써 그분께서 송구스럽게도 그대를 당신의 집에 맞아 주실 것이다.

화요일
이승의 비참함에 관하여

오늘 그대는 인간 삶의 비참함을 묵상할 것이다. 그리하면 그대는 이 세상의 영광이 얼마나 헛된지, 멸시되어야 함이 얼마나 합당한 것인지를 알게 될 것이다. 왜냐하면 이승에서의 비참한 삶만큼 허약한 토대가 없기 때문이다. 이 세상에서의 삶의 결함과 비참함은 헤아릴 수조차 없다. 특별히 다음의 일곱 가지 문제를 생각해 보라.

첫째, 이승의 삶이 짧다는 것을 숙고하라. 칠십 년, 그것도 근력이 좋으면 팔십 년이고, 예언자가 말하는 대로 "그 가운데 자랑거리라 해도 고생과 고통이니"(시편 90,10). 여기서 인간의 삶이기보다는 동물적인 삶으로 보이는 유아기를 제하고, 인간으로서 필요한 우리 감각이나 이성을 사용하지 않는 잠자는 시간을 제하면 우리 삶은 처음에 생각하는 것보다도 더 짧다. 게다가 그대가 이승의 삶을 앞으로 올 영원한 삶과 비교해 본다면 그건 찰나에 지나지 않는다. 이처럼 숨처럼 짧은 삶을 즐기기 위해 영원히 지속하는 안식을 잃는 우를 범하는 이들이 얼마나 얼빠진 것인지를 이해하게 될 것이다.

두 번째로, 이승의 삶이 불확실하다는 것을 숙고하라. 여기에 앞에 언급한 것에 더하여 또 다른 비참함이 있다. 이승의 삶이 매우 짧다는 것만으로는 그 비참함을 말하기에 충분치 않다. 이승의 삶은 또한 안전하지 않고 불확실하기에 참으로 비참한 것이다. 얼마나 많은 이들이 내가 앞서 말한 칠십이나 팔십 세에 이르는가? 얼마나 많은 이들이 생명의 끈을 잇기 시작하기도 전에 끊어져 버리는가! 얼마나 많은 이들이 어른이 되기도 전에, 즉 꽃다운 청춘에 삶을 마감하는가! 구세주께서 말씀하시듯, "그대는 주님께서 언제 오실지 알지 못한다"(마르 13,35 참조). 그때가 아침일지, 정오일지, 한밤중일지, 새벽녘일지 모른다. 이런 진실을 더 잘 이해하기 위해서는 이 세상에서 그대가 알았던 많은 사람의 죽음을 생각해 보라. 특히 그대의 친구들과 동료들, 그리고 유명세를 안고 살았거나 선망의 대상이 되었던 이들의 죽음을 생각해 보라. 인생의 어떤 나이 때라도 죽음이 닥쳐오고, 그들의 모든 계획과 희망은 사라져 버린다.

세 번째로, 이승에서의 삶이 얼마나 연약하고 복잡미묘한지를 생각해 보라. 그러면 그대는 이 삶이 어떤 유리그릇보다 더 깨지기 쉽다는 것을 알게 될 것이다. 미풍이나 뜨거운 태양, 찬물 한 모금이나 병자의 숨결 — 이런 것들마저도 매일의 체험에서 알 수 있듯이 우리에게서 생명을 앗아가기에 충분하다. 얼마나 많은 사람이 이런 이유 하나 혹은 다른 몇 가지 이유로 인해 꽃다운 나이에 쓰러지는가!

　네 번째 단계에서, 이 삶이 얼마나 변화무쌍한지를 보라. 같은 것이 절대 오래 가지 않는다. 우리 몸이 어떻게 변해가는지 생각하라. 우리 몸은 같은 건강 상태에 영구히 머물지 않는다. 그런데 우리 영혼은 훨씬 덜 변한다. 바다와 같이 영혼은 시시각각으로 변화하는 거센 바람과 매 순간 우리를 곤경에 빠트리는 격정과 욕망과 갈망의 파도 아래서 언제나 쉼이 없다. 마지막으로 우리 운의 변화를 생각해 보라. 아무도 같은 정도의 번영과 그만큼의 기쁨의 상태에 머무는 것에 기꺼이 만족하지 않는다. 오히려 인간 삶은 바퀴와 같아서 끝없이 굴러 간다. 삶의 끊임없는 움직임은 계속되는 것이다. 밤낮으로 움직임이 줄어들지 않은 채 절대 멈추지 않는다. 우리 삶은 영원히 스스로를 태우는 횃불이 아니고 무엇이겠는가? 삶이 더 활활 타면 탈수록 그 삶은 더 빠르게 타락한다. 우리 삶은 아침에 생겨나서 낮에는 활짝 피고 저녁에 시들어버리는 꽃이 아니고 무엇이겠는가?(욥 14,2 참조). 이런 이유로 하느님께서 이사야의 입을 빌어 "모든 인간은 풀이요 그 영화는 들의 꽃과 같다"(이사 40,6)고 말씀하신다. 성 예로니모는 이 말씀을 다음과 같이 주석한다. "우리가 참으로 우리 육신의 연약함을 생각해 보고, 그것이 어떻게 한 가지 상태에 머물지 않고 매 순간 늘어나기도 하고 줄어들기도 하는지, 그리고 우리 대화와 삶의 주제가 무엇이고 또 묵상 주제가 무언가를 논하지만, 어찌 보면 이 순간적인 모습 정도에서 끝나버린다는 것을 생각해 본다면, 우리는 우리 육신을 보잘것없는 풀이요 그 영광을 들의 꽃일 뿐이라고 말하기를 주저하지 않을 것이다." 엄마의 젖가슴에 있는 갓난아이가 얼마나 빨리 어린아이로 자라고, 그 어린아이가 또 얼마나 빨리 장성한 청년이 되며, 그 청년이 어느새 지긋한 나이에 들어서는지! 그리고 우리는 노년에 이르러서 더 이상 젊음을 찾을 수 없다는 것에 놀라게 된다. 많은 젊은이의 이목을 끌던 아리따운 여인이 얼마 지나지 않아 눈가에 주름이 생기는 것을 발견하게 되고, 한때는 그리 매력적이었던 사람이 싫증나는 대상이 되고 만다.

　다섯 번째로, 우리 삶이 얼마나 기만적인지를 생각하라. 이것이 아마도 모든 것 중 최악이 아닐까 한다. 아리따운 여인이 수많은 사람을 잘못된 길로 빠지게 하고, 수많은 사람이 눈이 멀어 그 매력에 매달린다. 그 여자가 추한데도, 우리는 그 사람의 아름다움에 매료된다. 그 여자가 실제로는 쓰디쓴데도 달콤하다고 느낀다. 그리고 그런 아름다움이 순간인데 오래 갈 것으로 생각한다. 그 여자가 속이 트인 사람으로 보이지만 실제로는 그렇지 않다. 그 여자가 너무 사랑스러워 보여서 남자가 어떤 위험이나 수고도 겪지 않을 것 같지만 심지어는 영원한 생명을 담보로 결국은 끝을 모르는 죽음의 나락으로 떨어져 버리게 된다.

여섯 번째로, 우리가 이미 언급한 비참한 고통에 더하여 이승의 삶이 어떻게 영혼과 육신에 수많은 불행을 가져다 주는지를 생각하라. 이승의 삶은 눈물의 골짜기요 헤아릴 수 없는 슬픔의 바다일 뿐이다. 성 예로니모는 산을 평지로 만들고 바다까지도 메웠던 크세르크세스 1세(페르시아의 왕)가 어느 날 왕궁에서 무수한 무장 군대를 내려다보고 있었던 일에 대해 이야기한다. 그는 한동안 그들에 대해 감탄하다가 갑자기 울기 시작했다. 왜 우느냐는 질문에 그는 이렇게 대답했다고 한다. "백 년 후에는 지금 내가 보고 있는 이들 중 한 사람도 살아 있지 않을 것이기 때문에 웁니다." 성 예로니모는 여기에 이렇게 덧붙여 말한다. "우리는 우리 발치 아래로 온 세상을 내려다보는 그런 높이까지 오를 수 있겠는가? 그렇다면 우리는 온 세상의 붕괴와 재난도 볼 것이다. 나라들과 왕국들이 차례로 패망하는 모습을 바라보게 될 것이다. 우리는 이곳에서 엄청난 고통을 보고, 또 다른 곳에서는 대학살을 보게 될 것이다. 어떤 나라들은 바다로 떨어지고, 또 어떤 나라들은 포로로 끌려가며, 여기서는 사람들의 혼인이 있고, 저기에는 죽음이 있다. 어떤 곳에는 부가 넘쳐 나지만, 다른 곳에서는 거지들이 넘쳐 난다. 마지막으로 우리는 그저 크세르크세스의 군대뿐 아니라 지금 이 세상에 살고 있지만, 며칠 안에 사라져갈 운명을 지닌 사람들을 모두 보게 될 것이다"(네포티아누스 황제의 장례식 연설, Funeral Oration on Nepotian).

인간 육신이 겪게 되는 모든 병고와 수고, 그리고 영혼의 고통과 걱정을 생각해 보고 인간 삶의 모든 시기와 상황에서 겪게 되는 위험들을 생각해 보라. 그러면 그대는 인간 삶의 비참함을 충분히 볼 것이고, 이 세상이 주는 것이 얼마나 보잘것없고 덧없는지를 알게 될 것이다. 그래서 그대는 이 세상 안에 있는 모든 것을 하찮게 보기에 이를 것이다.

이 모든 비참함 다음에 마지막으로 오는 것은 죽음이다. 이것은 육신과 영혼 모두에게 최종적인 공포가 된다. 순간적으로 육신은 모든 것에서 벗어나고, 영혼은 영원 안에 자리 잡게 된다.

이 묵상은 그대가 이 세상의 영광이 얼마나 짧고 가련한 것인지 이해하게 해 줄 것이고, 결과적으로 우리가 이 세상의 영광을 멸시하고 멀리하는 것이 얼마나 타당한 것인지를 이해하게 해 줄 것이다. ― 그러나 우리는 이 세상의 삶을 이 영광에 의존하여 살아간다.

수요일

죽음에 관하여

오늘 그대는 우리가 죽음이라 일컫는, 없어지는 것에 대해 생각할 것이다. 이것이 바로 진정한 지혜를 얻고 죄를 피하며, 심판의 때를 준비하는 데 있어 가장 유익한 성찰 중 하나다.

첫 번째 단계에서 죽음이 그대를 쓰러트리는 순간이 얼마나 불확실하게 놓여 있는지를 생각하라. 그대는 죽음이 오는 날과 장소도 모를 뿐 아니라, 그 시간에 그대가 어떤 상태에 있을지도 모른다. 그대가 아는 것은 오로지 그대가 죽는다는 것뿐이다. 그 외의 나머지는 모두 불확실하다. 그리고 한 가지 더 확실한 것은 일반적으로 사람은 죽음을 별로 바라지 않고 별로 생각하지도 않는다는 것이다.

두 번째로, 죽음이 가져다 주는 이별을 생각하라. 단순히 이 세상에서 그대가 사랑하던 것들과의 이별만이 아니라 오랫동안 그토록 가까운 동반자였던 영혼과 육신 사이의 이별을 생각하라는 것이다. 비록 이 죽음의 귀향이 사람이 사랑하는 모든 것도 앗아 가겠지만, 우선은 고향을 떠나 이제는 더 이상 고향의 공기를 숨 쉬지 않는 것이 대단히 힘들게 보일 것이다. 그렇다면 내게 있는 모든 것에서, 즉 재산, 친구들, 어머니와 아버지, 자녀들, 공기와 빛 등 참으로 모든 것에서 우리를 완전히 갈라 놓는 이 귀향이 얼마나 더 가혹할 것인가! 황소가 함께 일하던 동료 황소와 헤어지게 될 때 자세를 낮춘다고 한다. 그런데 삶의 힘든 멍에를 지는 데에 도움을 준 모든 이들과 헤어져야 하는 때에 그대 가슴에서는 어떤 울부짖음이 있지 않겠는가?

영혼과 육신이 겪어야 할 죽음 이후의 운명을 상기할 때 경험하게 되는 괴로움을 다시 한 번 생각해 보라. 육신을 위해서는 다른 시체들이 나란히 놓여 있는 2m 13cm 정도밖에 안 되는 무덤만이 기다리고 있고, 영혼을 위해서는 미래에 대해서와 마찬가지로 운명에 대해서도 확실한 것은 아무것도 없다. 이로써 우리가 받을 괴로움보다 더 큰 괴로움은 없는 것이다. 우리는 영광도 알고 있고, 끝이 없는 고통도 알고 있다. 우리는 이 운명 아니면 저 운명을 겪게 되어 있지만, 너무도 다른 두 개의 운명이 우리를 기다리고 있다는 사실에 대해서는 알지 못한다(집회 9,12 참조).

하나에 또 이어서 같은 괴로움이 뒤따른다. 셈 바침. 극히 용맹한 사람도 이 앞에서는 무서워 떤다. 수도승 아르세니우스 Arsenius가 죽음에 이르렀을 때의 이야기가 있다. 그가 죽음 앞에서 떨기 시작하자, 그의 제자들이 물었다. "사부님, 지금 두렵습니까?" 그가 대답했다. "아들들이여, 이 두려움은 나에게 새로운 것이 아니네. 나는 이 두려움을 늘 갖고 있었다네"(루피노에 의한 「생애」, 3권). 사실상, 이 순간 사람은 그에게 달려드는 커다란 무리의 적군처럼 그의 모든 죄들을 떠올리게 되고, 더 큰 죄들이 — 더 흥청망청 놀아났던 것들 — 다른 모든 죄들 위에 뚜렷이 드러나서 그를 더욱더 두려움에 떨게 한다. 그 당시에는 달콤했던 과거의 즐거움에 대한 기억이, 오 얼마나 쓰디쓴가! 현자는 이렇게 말한다. "빛깔이 좋다고 술을 들여다보지 마라. 그것이 잔 속에서 광채를 낸다 해도, 목구멍에 매끄럽게 넘어간다 해도 그러지 마라. 결국은 뱀처럼 물고 살무사처럼 독을 쏜다"(잠언 23,31-32). 이런 것들은 원수가 우리에게 건네주는 술의 독 찌꺼기들이다. 이는 금도금한 바빌론의 술잔이 주는 쓰디쓴 뒷맛이다.

이처럼 수많은 고발자들에 둘러싸인 가련한 사람은 심판의 공포에 두려워 떨기 시작한다. 그는 속으로 말한다. "그런 오류를 범하고 그런 못된 길을 걸어온 나는 얼마나 비참한가. 나는 이 심판으로 어떻게 될 것인가?" 성 바오로는 이렇게 말한다. "자기의 육에 뿌리는 사람은 육에서 멸망을 거두고, 성령에게 뿌리는 사람은 성령에게서 영원한 생명을 거둘 것입니다"(갈라 6,8). 그리고 육의 일 이외에 내가 뿌린 것이 아무것도 없다면, 나는 부패밖에 무엇을 바랄 수 있겠는가? 성 요한은 천상 도시에는 모든 것은 순금이고 부패한 것은 아무것도 그곳으로 들어오지 못할 것이라고 말한다(묵시 21,21.27 참조). 그리도 악하고 수치스러운 삶을 산 그가 무엇을 희망하겠는가?

이제 고해성사와 성체성사, 그리고 병자성사(도유성사)가 있다. 이 마지막 도움은 교회가 이 괴로운 순간에 우리에게 가져다 주는 마지막 조력자. 여기서 다시 한 번 악한 삶을 살아온 사람이 겪는 불안과 괴로움을 보라. 그는 이제 자신이 다른 길을 걸었었길 얼마나 바라겠는가! 만일 시간이 다시 주어진다면 그는 이후로 다른 삶을 살아가길 얼마나 바라겠는가! 그는 참으로 하느님께 호소하겠지만, 그가 받는 고통과 질병은 좀처럼 의지할 곳을 찾지 못할 것이다.

죽음이 다가옴을 알려 주는 병이 마지막으로 동반된다는 것도 주목할 필요가 있다. 그 현상은 너무도 끔찍하여 엄청난 두려움을 자아낸다. 숨을 헐떡이고, 쉰 목소리를 내기도 한다. 발에는 촉각이 없어지고, 무릎은 차갑게 굳어지고, 콧물이 흐르고, 눈은 깊이 패어 들어가고, 얼굴은 시체처럼 하얘지고, 마지막으로 영혼이 떠나기 위해 몸부림치고 모든 고통스러운 감각은 그 힘과 활력을 잃는다. 그러나 무엇보다도 가장 극심하게 고통을 받는 것은 영혼이다. 괴로움 가운데 영혼은 준비된 심판에 대한 공포로 떠나길 두려워하면서 사투를 벌인다. 이때 영혼은 이런 이별에 대한 자연스러운 희망을 전혀 지니지 못한다. 영혼은 그저 지금의 상태에 매달리고자 한다. 영혼은 정의의 법정을 몹시도 두려워한다.

영혼이 한참 있다 육신을 떠나고, 이제는 그대에게 두 가지 과정만 남게 된다. 하나는 그대가 그대의 육신과 함께 무덤으로 가는 것이고, 다른 하나는 영혼을 따라가 운명이 닿을 마지막 정착지를 보게 되는 것이다. 이 두 과정에서 어떤 일이 일어나는지를 숙고해 보라. 영혼이 떠난 육신을 생각해 보라. 육신에 입힐 비싼 수의가 만들어지고 가능한 한 빠른 속도로 육신이 집 밖으로 나온다. 매장의 과정을 하나하나 상세하게 생각해 보라. 타종이 있고, 사람들이 서로에게 망자에 대해 질문하고, 애처로운 음악과 함께 교회의 예절이 거행되고, 장례 행렬이 있고, 친구들의 울음소리가 있다. ― 사실상 이 모든 상황은 영원한 망각의 땅인 무덤에 시신을 안치할 때 동반되는 일들이다.

이 과정을 마치고, 이제 영혼에게로 돌아가 영혼이 알지 못하는 지역으로 가는 모습을 지켜보라. 영혼은 마지막 멈춰서 곧 있게 될 심판을 기다리는 곳을 향해 가는 것이다. 이 심판대에 그대는 서 있고, 하늘나라의 법정 전체가 최종 판결을 기다리고 있는 모습을 상상해 보라. 질문이 있을 것이고, 그대가 질문받은 모든 것, 즉 실낱같은 요점까지 포함한 모든 것에 대한 대답이 있을 것이다. 생명의 선물과 세상의 물건들, 가족이라는 선물을 어찌 사용했는지에 대한 설명이 있어야 할 것이고, 거룩한 삶을 위해 주어진 모든 것들, 특별히 무엇보다도 그리스도의 피를 어찌 대했는지에 대한 설명이 있어야 한다. 각자가 셈 바친 바에 따라 그는 심판받을 것이다.

목요일
최후의 심판

오늘 그대는 최후의 심판에 대해 생각할 것이다. 이 숙고는 그대의 영혼 안에 두 가지 중요한 정감, 즉 하느님을 경외함과 죄를 미워함의 정감을 길러줄 것이다. 이 정감은 모든 신심 깊은 그리스도인에게 생기를 불어넣어 주는 요소다.

첫 번째 단계에서 모든 아담의 자녀가 재판을 받고, 우리 자신도 일일이 셈 바쳐 장래 판결이 내려질 그 날이 얼마나 끔찍한지를 생각하라. 그날은 모든 세기 — 즉 과거와 현재와 미래의 모든 날이 한 군데 모이는 날이다. 그때에 세상은 각 시대에 대한 해명을 할 것이다. 그런 다음 하느님의 진노 — 온 세기를 통해 쌓여있던 — 가 터져 나올 것이다. 하느님 노여움의 강물이 얼마나 격렬하게 터져 나올 것인가! 이는 세상 시작 때부터 범해 온 죄들만큼이나 커다란 분노와 노여움의 거대한 물줄기일 것이다.

두 번째로, 그날을 알려 주는 무시무시한 징표들에 주목하라. 구세주께서 말씀하신 대로, 그날 이전에 "해와 달과 별들에는 표징들이 나타날 것이고"(루카 21,25), 곧이어 하늘과 땅에 있는 모든 피조물에도 표징들이 나타날 것이다. 그 시간이 그들에게 덮치기 전에 모든 이는 마지막 때가 다가온다는 것을 느낄 것이고 엄청난 고통 가운데 떨기 시작할 것이다. 그분은 덧붙여 말씀하시기를, "사람들은" 움츠러들고 "공포에 싸여 사라져갈 것이다"(루카 21,26 참조). 그때 그들은 무시무시한 바다의 굉음을 듣고, 거대한 파도와 맹렬한 폭풍, 세상에 예언된 두려운 참사와 불행을 전조하는 소름 끼치는 표시를 보게 될 것이다. 그들은 공포에 싸여 창백하고 수척한 모습으로 이리저리 뛰어다니고 죽음이 그들에게 다가오기 전에 사람들이 죽고, 판결이 내려지기도 전에 사람들은 심판을 받을 것이다. 모두가 자신을 챙기느라 이웃에게는 주의를 기울이지 못하고 심지어는 아버지가 자녀들에게 주의를 기울이지 못하는 그들의 공포만 보아도 그 사태의 심각성 정도를 알 수 있을 것이다. 아무도 동료를 돌보지도 못하지만 아무도 홀로 서 있지도 못할 것이다.

세 번째로, 심판 전에 올 온 우주의 거대한 화염을 바라보라. 경고하는 대천사들의 트럼펫 소리를 귀 기울여 듣는 동안, 온 세상의 모든 세대들이 심판을 받기 위해 한곳으로 모이게 될 것이다. 이때 경외감을 불러일으키는 엄위를 지니고 다가오시는 심판자를 보라.

이제 각 사람이 셈 바치는 내용의 그 엄청난 혹독함에 눈을 돌려라. 참으로 욥이 말하듯이, "사람이 하느님 앞에서 어찌 의롭다 하겠는가? 하느님과 소송을 벌인다 한들 천에 하나라도 그분께 답변하지 못할 것이다"(욥 9,2-3). 하느님께서 각 사람의 죄를 살필 때 악한들은 무엇을 느낄 것인가? 그때 하느님께서는 그 악한들의 양심의 내면에다 이렇게 말할 것이다. "이 악한 자여, 이쪽으로 오라. 그대는 나를 경멸하려고 내 안에서 무얼 보았는가? 그리고 그 본 것을 내 원수의 진영에 넘겨주지 않았는가? 내가 내 모상과 유사함으로 그대를 창조하였고, 나는 그대에게 믿음의 빛을 주었으며, 나는 그대를 그리스도인이 되게 하였고, 내 피로써 그대를 구해냈거늘. 내가 단식을 하고 이곳저곳 다니며 살펴보고 애를 쓴 것은 다 그대를 위한 것이었다. 그대를 위해 내 땀방울이 핏방울이 되었고, 그대를 위해 나는 박해와 매질과 모독과 조소와 조롱과 불명예, 모진 고통을 당했고 결국에는 십자가에 못 박혔다. 자, 여기에 있는 십자가와 못을 보아라. 지금 여전히 내 몸에 있는 발과 손의 상처를 보라. 이 하늘과 땅 아래서 나는 고통을 당했고, 하늘과 땅은 여전히 그 상황을 증거하고 있다. 그대는 내가 나의 피로 나의 것으로 만들어준 그대의 영혼에게 무슨 짓을 하였는가? 내가 그토록 사랑스럽게 얻은 그 영혼을 그대는 무슨 일을 하는 데 사용하였는가? 오, 어리석고 부정한 세대여! 그대는 어찌하여 그대의 창조주요 구원자인 나를 기쁘게 받들기보다는 오히려 그대의 원수를 섬기려고 애썼던가? 내가 그토록 자주 그대를 불렀건만 그대는 대답도 하지 않았다. 내가 그대의 문을 두드렸건만 그대는 꿈쩍도 하지 않았다. 내가 십자가상에서 그대에게 손을 뻗쳤건만 그대는 거들떠보지도 않았다. 그대는 나의 권고와 나의 모든 약속과 경고를 무시하였다. 이제는 나의 천사들이여 그대들이 말할 차례다. 나와 나의 포도나무 사이의 시비를 가려 줄 그대 심판관들이여. 내 포도밭을 위하여 내가 무엇을 더 해야 했더란 말이냐? 내가 해 주지 않은 것이 무엇이란 말이냐?"(이사 5,4 참조).

그 악인들은 무슨 대답을 할 것인가? 신성한 것을 조롱한 이들이여. 거룩한 것을 조소한 이들이여. 단순함을 무시하고, 하느님의 법보다는 세상의 법을 더 선호한 이들이여. 하느님의 목소리에는 귀머거리가 된 이들이여. 하느님의 영감에는 무감각하고 그분의 계명에 반기를 든 이들이여. 그분의 은혜에 대해 똑같이 감사를 드리지 않은 이들이여. 하느님에 대해서는 믿음도 없었고 자신들의 관심사 외에는 다른 어떤 법도 알지 못하는 이들처럼 살아온 그들은 어떤 대답을 할 것인가? 이사야는 말한다. "너희는 징벌의 날에, 멀리서 들이닥치는 폭풍의 날에 어찌하려느냐? 누구에게 도망하여 도움을 청하고 너희 재산은 어디에 갖다 놓으려느냐?"(이사 10,3). 그대는 누구에게서 도움을 청하려느냐? 그대의 풍요로운 부가 이제 어떤 가치가 있느냐?

이제 다섯 번째로, 그 악인들에게 내리는 끔찍한 판결과 이 이야기를 듣는 모든 이들의 귀에 오랫동안 울릴 소름 끼치는 말들을 생각해 보라. 이사야는 이렇게 말한다. "그분의 입술은 분노로 가득하며 그분의 혀는 집어삼키는 불과 같다"(이사 30,27). 다음과 같이 불 같은 말이 터져 나온다. "저주받은 자들아, 나에게서 떠나 악마와 그 부하들을 위하여 준비된 영원한 불 속으로 들어가라"(마태 25,41). 다음의 말 하나하나에 담긴 그 심오한 생각과 의미는 얼마나 대단한가! 격리, 악담, 불, 동반자, 그리고 다른 무엇보다 더 의미심장한 말, 영원성!

금요일
지옥의 고통

오늘 그대는 지옥의 고통에 대해 묵상할 것이다. 이 묵상은 그대 영혼에게 하느님에 대한 더 큰 두려움과 죄에 대한 더 큰 공포를 확인시켜 줄 것이다.

성 보나벤투라는 이 고통이, 성인들이 가르쳐 준 것은 같은 물질적 요소들과 수치들로 이해되어야 한다고 말한다. 그는 말하기를 지옥이라는 곳은 지하 호수와 같아서 어둡고 음침한 커다란 샘물, 혹은 불길로 가득한 아주 깊은 샘, 혹은 격렬한 불길이 삼켜버린 도시 같다고 한다. 이곳에서는 고통을 가하는 이들과 고통을 당하는 이들이 다 같이 질러대는 날카로운 비명과 울음소리, 그리고 이를 가는 소리가 아비규환처럼 끊임없이 들리는 곳이다.

이런 끔찍한 거처에는 두 종류의 주된 고통이 있다. 하나는 감각의 고통이고, 다른 하나는 상실의 고통이다. 첫 번째 것은 내적 감각이건 외적 감각이건 엄청난 고통을 당하지 않는 감각이 없다는 것을 상상하라. 악인은 과연 자신의 모든 지체와 감각으로 하느님을 못마땅하게 해드렸고, 모든 것을 죄의 도구가 되게 했다.

이처럼 하나하나의 감각은 나름대로 고통을 받아 대가를 치를 것이다. 음란한 눈은 그 악한 삶으로 인해 소름 끼치는 악마의 모습을 보는 것을 견뎌 내야 할 것이다. 거짓과 불순한 것을 들어온 귀는 끝없는 모독과 탄식의 소리를 들을 것이다. 육욕을 일으키는 향수와 냄새에 젖어있던 후각은 견딜 수 없는 악취가 가득한 곳에 있게 될 것이다. 다양한 음식에 대한 폭식과 탐식에 빠졌던 미각은 지독한 배고픔과 목마름의 고통을 당할 것이다. 하느님께 대한 불평과 불경함에 중독되었던 혀는 용의 독과 같은 쓴맛을 보게 될 것이다. 감언을 섞은 애무에 빠져 살던 촉각은 욥이 말하는 대로 코키토스 강의 얼음물 한가운데를 건너게 될 것이다(욥 21, 33 참조). 상상력은 현재 겪고 있는 고통에 대한 불안으로 인해 뒤틀려질 것이고, 기억력은 과거에 맛보았던 쾌락을 기억함으로써 뒤틀려질 것이다. 이해력은 미래에 겪을 병에 대한 걱정으로 고통을 받고, 의지력은 악인이 하느님을 거슬러 갖게 될 엄청난 화와 분노로 인해 뒤틀려질 것이다. 마지막으로 상상이 가능한 모든 악과 고통이 한 군데 모이게 될 것이다. 성 그레고리우스는 다음과 같이 열거한다. "견딜 수 없는 차가움과 꺼지지 않는 불, 죽지 않는 벌레, 역겨운 냄새, 칠흑 같은 어둠, 후려치는 듯한 고통, 소름 끼치는 악마의 모습, 죄로 물든 난장판, 모든 좋은 것을 잃는 절망."

이제 말해 보라. 이 고통 중 가장 작은 것을 극도로 짧은 시간 동안만이라도 견디어 내기가 얼마나 어려운지. 그대의 지체와 내외적 감각들이 순간적으로 겪는 고통이 얼마나 힘든 것인지. 이 수많은 악과 고통이 그 하룻밤도 아니고 수천 밤도 아닌 영원히 계속된다는 것이 어떤 것인지. 우리가 이승에서 이런 현실을 어떤 감각이나 말이나 판단으로 헤아리거나 잴 수 있겠는가?

하지만 이것이 우리가 견뎌 내야 할 가장 극심한 고통이 아니다. 온갖 비교를 넘어서는 더 큰 고통은 신학자들이 상실의 고통이라고 말하는 것이다. 이 고통은 하느님과 그분의 영광스러운 현존을 바라보는 행복을 영원히 박탈당하는 것이다. 자 생각해 보자. 우리가 가장 위대한 선을 잃는 고통을 당한다면 그 고통이 어떤 것보다 더 아프게 느껴지듯이, 하느님이 모든 선 중 가장 위대한 선이시기에 그분을 잃는 것은 분명히도 가장 큰 고통이 될 것이다.

이런 것이 저주받은 자들이 일반적으로 받는 고통이지만, 이런 고통 이외에도 각 사람의 죄의 본질에 따라 특별하게 받는 고통이 있다. 거만한 이들과 시기, 질투한 이들, 탐욕을 부린 이들, 불순한 자들, 등등을 위한 벌이 따로 있다. 그 고통은 지은 죄 만큼 주어질 것이다. 과거 자만과 거만에는 수치가, 초호화에는 벌거벗음이, 지난날 폭식으로 즐긴 쾌락에는 배고픔과 목마름이 주어질 것이다.

이 모든 괴로움과 더불어 저주받은 모든 이에게 봉인이요 자물쇠로서 영원히 지속하는 고통이 배가될 것이다. 사실상 끝이 있는 모든 것은 견뎌 낼 수 있다. 왜냐하면 지나가는 것은 무엇이나 큰 문제가 되지 않는다. 그러나 조금도 줄어들지 않고 적어지지도 않으며 사그라지지도 않고 중지될 기미도 보이지 않는 끝없는 고통은 — 고통 그 자체로나 그 고통을 가하는 이들이나 그 고통을 당하는 이들에게나 — 진정한 추방이요, 절대 벗을 수 없는 딱 달라붙는 옷으로서, 이 고통을 숙고하는 이들의 영은 완전히 부서져 버리고 만다.

이 고통은 사실상 견뎌 내야 할 고통 중 가장 큰 것이다. 이 고통의 기간이 어느 정도로 한정된다면 — 예를 들어, 천 년이나 백 년 정도 — 혹은 교회 박사들 중 한 사람이 말하듯이, "그들이 천 년마다 물 한 방울을 마시는 데 그 양이 대양의 물 전체의 양인 고통을 받는다고 해도 그 끝을 볼 수 있다면 그들은 끝없는 위로의 여명이라도 볼 수 있을 것이다."[3] 그러나 그런 것은 없다. 이 고통

---

3   St. Gregory, 「Moralia」, 같은 책, ix, c. 9. 참조.

은 하느님의 영원성 안에 끝없이 계속된다. 이 처참한 상태의 기간은 거룩한 영광의 기간, 즉 영원한 영광의 기간에 맞먹는 것이다. 하느님께서 살아 계시는 한, 죽음도 계속될 것이다. 하느님께서 존재를 멈추신다면 저주받은 자들의 상태도 끝날 것이다.

    나는 사랑하는 나의 형제인 그대에게 이 끝없는 영원성을 자세히 바라보고 숙고하기를 간절히 바란다. 그대 내면 깊숙이 이 진리를 곱씹어라. 영원한 진리께서는 당신의 복음에서 우리에게 이렇게 말씀하신다. "하늘과 땅은 사라질지라도, 내 말은 결코 사라지지 않을 것이다"(마태 24,35).[4]

---

4   『이냐시오의 영신 수련』: 「다섯 번째 수련」, 지옥 편을 참조하라.

토요일

하늘나라에 관하여

오늘 그대는 축복받은 이들의 영광을 숙고함으로써 그대의 마음을 세상의 경멸과 세상이 가져다 주는 갈망에서 빠져나오게 될 것이다. 그대는 축복받은 이들의 행복이 어떤 건지 알기 위해 천국의 다섯 가지 특징들에 대해 생각해 보라. 즉, 천국의 탁월함, 그곳에 있는 이들의 행복, 하느님을 직관함, 육신의 영광, 그리고 마지막으로 모든 선한 것의 완전한 통합.

첫째로, 천국의 탁월함을 보고, 특별히 그곳의 놀라울 정도의 광대함을 보라. 우리는 권위 있는 저자들을 통해 별들이 지구보다 더 크고, 어떤 것들은 과연 지구보다 90배 이상 더 크다는 사실을 알게 되었다. 하늘을 바라보면서 우리는 빈 우주 공간을 가로질러 배열된 참으로 수많은 별을 본다. 이 빈 공간으로부터 모든 것의 무한함 전체가 우리에게 내려온다. 우리가 어떻게 놀라지 않을 수 있으며 하늘의 방대함을 보고 움츠러들지 않을 수 있겠는가? 그러니 그것을 만드신 만군의 주님보다 더 큰 것이 무엇이겠는가?

그 아름다움으로 말하자면 어떤 말로도 그것을 표현할 수 없다. 이 눈물의 골짜기, 귀향의 땅에서, 하느님께서는 감탄할 만하고 엄청나게 아름다운 것들을 창조하셨다. 그렇다면 그분의 영광이 거하는 곳, 위대한 왕좌, 엄위의 궁전, 그분의 마음의 집, 그분 기쁨의 낙원에 그분께서는 얼마나 더 아름다운 것들을 만들지 않았겠는가?

그곳의 탁월한 모습을 숙고한 후, 그곳에 사는 이들의 고귀함과 그 수효, 그들의 거룩함, 그들의 부요, 그리고 상상조차 할 수 없는 그들의 아름다움을 생각해 보라. 성 요한은 선택된 이들의 수효가 너무 많아서 아무도 그 수를 헤아릴 수 없다고 말한다(묵시 5,11). 성 데니스는 천사들의 수효가 너무 많아서 비교할 수도 없이 이 지상의 모든 물질의 수를 훌쩍 뛰어넘는다고 말한다(「De Coelesti Hierarchia」, c. xiv 참조). 성 토마스는 이 견해에 동의하여 하늘의 범위는 이 땅보다 더 크고, 같은 이치로 천상의 영의 무리는 이 세상 물질의 무리를 훨씬 넘어선다고 말한다(Ia, q. 50, a. 3).

이보다 더 감탄할 만한 것을 생각할 수 있을까? 꼼꼼히 계산해 보아도 이 자체로 모든 사람을 놀라게 하기에 충분하다.

게다가 이 축복받은 영들 하나하나는 — 가장 작은 영이라도 — 이 세상의 보이는 모든 것보다 더욱 아름답다. 그렇다면 이처럼 굉장한 존재들의 무리를 보고, 또 그 하나하나의 완벽함과 그

직무를 지켜보는 것은 어떠하겠는가? 천사들은 하느님의 전령사들이다. 대천사들은 영들을 돌보는 일을 하고, 권품천사들은 승리한 장군들이고, 능품 천사들은 모두 영광의 빛나는 옷을 입고 있고, 좌품천사들은 빛 가운데 타오르고, 케루빔 천사는 광채를 빛내고, 세라핌 천사는 모두 환한 빛을 내는데, 이 천사들이 모두 함께 하느님 찬미를 노래 부른다. 이 모든 선의 현존과 그 모습의 현란함이 이토록 매력적이고 달콤하다면 이 수많은 행복한 이들 가운데 있으면서 사도들과 대화를 나누고 예언자들과 담소하며 순교자들과 모든 선택된 이들과 통교하는 것은 그 얼마나 복된 일이겠는가?

선을 누리는 영광이 그토록 대단하다면, 새벽 별들이 찬미하는 분, 해와 달도 아름다움에 감탄하는 분, 형언할 수 없는 탁월함 앞에 천사들과 천사의 모든 영이 엎디어 경배하는 분을 바라 뵙고 함께 하는 영광은 어떠하겠는가? 세상의 모든 선을 포괄하시는 선의 원천이신 분을 바라뵈옵는 것은 또 얼마나 큰 영광이겠는가. 그뿐 아니라, 그분 안에는 세상 모든 것이 들어 있고, 그분은 한 분이시지만 모든 것을 담고 계신 분이시고, 단순하시지만, 모든 완전함을 포함하시는 분이시다. 사바의 여왕이 "임금님의 부하들이야말로 행복합니다. 언제나 임금님 앞에 서서 임금님의 지혜를 듣는 이 신하들이야말로 행복합니다"(1열왕 10,8)라고 감탄하였듯이 솔로몬 임금의 지혜를 보고 듣는 것이 그토록 놀라운 것이었다면, 솔로몬보다 무한히 탁월하신 분, 영원한 지혜를 지니신 분, 무한히 위대하신 분, 측량할 수 없이 아름다우신 분, 무한히 선하신 분을 영원히 바라뵈옵는 것은 얼마나 엄청난 것이겠는가? 그러니 여기에 바로 성인들의 영광이요 우리의 마지막 목적지며 우리 모든 갈망을 채워주는 피난처가 있는 것이다.

이제 영광을 입은 육신의 모습을 숙고해 보자. 그 몸은 네 가지 특별한 상태를 누린다. 절묘함, 민첩함, 고통을 느끼지 않음, 그리고 투명함이 그것인데, 투명함에 대해 말하자면 그것이 참으로 대단한 것이어서 그 육신은 아버지의 왕국에서 태양처럼 빛날 것이다(마태 13,43 참조). 하늘 한가운데 있는 태양 하나가 이 세상에 빛과 기쁨을 주기에 충분하다면 엄청난 광채를 지닌 태양이 그토록 많다면 그 빛이 어떠하겠는가?

이제 하늘나라의 다른 모든 축복에 대해 무엇을 얘기할 수 있을까? 거기에는 아픔이 아닌 건강함, 노역이 아닌 자유, 흉측함이 아닌 아름다움, 부패가 아닌 불사, 결핍이 아닌 충만함, 걱정이 아닌 안위, 두려움이 아닌 안전, 오류가 아닌 지식, 혐오감이 아닌 포용, 슬픔이 아닌 기쁨, 경쟁이 아닌 존중이 있다. 성 아우구스티누스는 "그곳에는 참된 영광이 있을 것이고, 그 누구도 오류나 아첨으로는 칭송이 되지 않을 것이다"라고 말한다(「신국론」, 1. 22. c. 30 참조). 그곳에는 합당한 이들에게는 아낌없이 주어지고 합당하지 않은 이들에게는 주어지지 않는 참된 영예가 있을 것이다. 그곳에는 참된 평화가 있을 것인데, 아무도 스스로에게서나 다른 이들에게서 고통받을 일이 없을 것이다. 덕의 보상으로 덕의 원천이신 분이 주어질 것이다. 그분은 덕의 보상으로 당신 자신을 약속해 주시기 때문이다. 그곳에 있는 사람은 피곤함 없이 그분을 영원히 보고 사랑할 것이며, 피로함 없이 그분을 찬미할 것이다. 그곳은 광대하고 아름답고 찬란하고 분명한 안식이 있는 곳이다. 동료애는 감미롭고 우아하며, 아침이나 저녁이 없이 늘 가장 아름답고 좋은 시간만 존재하는 나뉠 수 없는 영원성이 있는 곳이다. 그곳은 영구히 푸르름이 울창한 여름이 계속되는 가운데, 성령의 끊임없는 숨결로 신선함을 영원히 유지하는 곳이다. 그곳에 있는 모든 이는 기쁨으로 가득하고, 하느님의 은혜를 입어 그분과 함께 영원히 살고 다스리는 것에 대해 감사드리며 그분께 찬양 노래를 계속해서 불러드린다. 오, 천상의 도시여! 안전한 집이며 즐거움의 땅이여, 오, 행복한 시민들이여! 슬픔을 전혀 느끼지 않고, 고요하게 그곳에서 살아가는 참된 사람들이여! 마침내 더 이상 노고가 없는 곳에 있는 이들이여! 아, 이 지상에서의 전투가 끝나고 내 귀향의 날이 다하기를 얼마나 고대하는가! 나는 언제 하느님 면전에 나아가 그분을 뵈옵는 행복을 누릴 것인가?

일요일
하느님의 은혜들

　오늘은 하느님의 은혜에 대해 생각해 보라! 그 은혜들에 대해 주님께 감사를 드리고 그대에게 그렇게도 선하신 분께 대한 더 깊은 사랑의 불을 태워라. 이 은혜들은 셀 수도 없겠지만 아마 적어도 다섯 가지 주된 은혜들을 생각할 수 있을 것이다. 즉, 창조해 주심, 지켜 주시고 보호해 주심, 구원해 주심, 성소로 불러 주심, 그리고 마지막으로 개인적이고 숨겨진 선물들.

　첫 번째는 창조의 은혜다. 세심한 주의를 기울여 그대가 창조되기 전에 무엇이었는지를 숙고해 보고, 하느님께서 그대를 위해 무엇을 하셨는지, 그대 쪽에서 먼저 공로를 세우기 전에 그분께서 그대에게 주신 은혜가 무엇인지를 생각해 보라. 즉, 모든 지체와 감각과 함께 주어진 이 육신, 세 가지 주목할 만한 능력과 함께 주어진 이 훌륭한 영혼, 이해력, 기억력, 의지력. 하느님께서 영혼을 주실 때 영혼 외에 다른 모든 것도 주셨다는 것을 생각하라. 어떤 피조물 안에도 이런 완전함은 절대 없다. 물론 사람 역시도 스스로가 완전하다고 생각하지는 않지만 말이다. 그런데 하느님께서는 이 하나의 선물을 주시면서 동시에 다른 모든 것도 선사해 주셨음을 생각하라.

지켜 주시고 보호해 주심의 은혜와 관련해서는 그대의 전 존재가 얼마나 전적으로 하느님의 섭리에 의존하는지를 보라. 그대는 그분이 계시지 않는다면 어느 한순간도 살 수 없고, 한 발짝도 움직일 수 없다. 세상에 있는 모든 것은 그분께서 그대를 위해 창조해 주신 것들이다. 바다와 땅, 새들과 물고기들, 동물들, 식물들, 심지어는 모든 천상의 천사들마저도 그대를 위해 창조해 주셨다. 그분께서 그대에게 주신 건강과 힘, 생명, 양분, 그리고 다른 모든 현세적 도움을 생각해 보라. 그 모든 것 중에서도 다른 사람들에게 닥치는 비참함과 재앙들에 대해 정말로 진지하게 생각해 보라. 하느님께서 그대를 당신의 은혜로 지켜 주시지 않는다면 그대 역시도 그렇게 될지도 모르기 때문이다.

구원해 주심의 은혜와 관련해서는, 다음의 두 가지 점을 숙고해 보라. 첫 번째로, 구원의 은총을 통해 그분께서 우리에게 주신 은혜의 수효와 규모를 생각하고, 두 번째로, 그분께서 이 축복을 우리에게 보장해 주시기 위해 당신의 몸과 당신의 지극히 거룩한 영혼에 받으신 고통과 비통함을 생각하라. 그분께서 그대를 위해 고통받으신 그 모든 것으로 인해 그대가 진 빚을 더 잘 이해하기 위해 그분의 거룩한 수난의 신비 중 다음의 주된 네 가지 점들을 숙고하라. 즉, 고통을 당하신 분이 누구인가? 그분이 당하신 고통이 무엇인가? 누구를 위해 그분은 고통을 당하셨고, 왜 고통을 당하셨는가?

누가 고통을 당했는가? 하느님이시다. 그분은 무슨 고통을 당하셨는가? 누구도 겪지 못했던 가장 극심한 고통과 불명예를 겪으셨다. 누구를 위해 그분은 고통을 겪으셨는가? 부패하고 역겨우며 그 행위로 볼 때 악마와 같은 피조물을 위해 그분은 고통을 당하셨다. 왜 그분은 고통을 당하셨는가? 당신 자신의 이득을 취하시기 위함도 아니고 우리 안에 공로를 채워주시기 위함도 아닌, 당신 자신의 무한한 사랑과 자비의 심오함으로 인해 그분은 수난 받으셨다.

성소의 은혜와 관련해서는, 우선 첫째로 하느님께서 그대를 그리스도인으로 불러 주신 은혜와 세례를 통해 믿음으로 불러 주시고 다른 모든 성사에 참여할 수 있게 해 주신 은혜가 얼마나 큰지를 생각해 보라. 그리고 이런 은혜에도 불구하고 그대가 순수함을 잃었을 때 그대를 죄로부터 건져 주시고 다시 은총 안에 살아가게 해 주시고 새롭게 구원의 길을 걸을 수 있게 해 주신 분도 그분이시다. 이런 자애로우심에 대해 충분한 감사를 드릴 수 있겠는가? 그분께서 같은 처지에 놓인 다른 이들에게 하시듯, 그대를 이처럼 오랫동안 지켜 주시고, 그대의 수많은 죄를 참아 주시며 삶의 끈을 빨리 끊지 않으시고 수많은 영감을 그대에게 불어넣어 주신 그분의 자비는 얼마나 크던가? 그대를 죽음에서 생명으로 일으켜 주시고 빛을 볼 수 있게 눈을 열어 주신 그분의 은총은 또 얼마나 놀라운가? 그리고 그대의 회개 이후 다시는 죄에 떨어지지 않고 원수를 물리쳐 선 안에서 끈기 있게 살아가게끔 해 주신 그분의 자비는 얼마나 크던가?

공개되고 인지된 은혜들에 대해서는 이쯤 해 두고, 그 외에 다른 것들, 특히 비밀스러워서 그분만이 아시는 은혜들이 있다. 사실 어떤 은혜들은 그 은혜를 받는 이들은 알지 못하고 오직 그 은혜를 베푸시는 분만 아시는 숨겨진 은혜들이다. 그대는 이 세상 삶에서 얼마나 허다하게 그대의 자만이나 태만 혹은 배은망덕으로 인해 하느님께서 그대를 저버리셔도 될 만큼 살지 않았던가? 사실 그분께서는 그렇게 살아온 다른 이들에게 그리할 수도 있으셨지만, 그들을 저버리지 않으셨다. 주님께서는 당신의 섭리로 원수의 올가미를 쳐부수시고 원수의 길을 막으심으로써 원수의 간계와 걸림돌들이 허무로 돌아가게 하시어 얼마나 많은 죄와 죄를 범할 위험들로부터 그대를 지켜 주셨던가! 얼마나 자주 주님께서는 성 베드로에게 하셨듯이 다음과 같이 말씀하시지 않았던가! "보라, 사탄이 너희를 밀처럼 체질하겠다고 나섰다. 그러나 나는 너의 믿음이 꺼지지 않도록 너를 위하여 기도하였다. 그러니 네가 돌아오거든 네 형제들의 힘을 북돋아 주어라"(루카 22,31-32). 하느님 이외에 누가 이 비밀을 알겠는가? 사람은 때때로 하느님의 양성적인 의미에서의 은혜들, 즉 베풀어주시는 은혜들을 인식할지 모르지만, 음성적인 의미에서의 은혜들, 즉 악으로부터 구해 주시는 차원에서의 은혜들을 누가 인식하겠는가? 이런 은혜에 대해서든 저런 은혜에 대해서든 우리는 언제나 주님께 감사드려야 한다. 우리는 우리 자신을 파산 선고한 이들로 간주해야 한다. 다시 말해, 우리가 그분께 진 빚은 우리가 그분께 갚아드리는 것에 비하면 계산이 되지 않을 만큼 훨씬 더 엄청나다.

3장

이 묵상들을 위한 적절한 시간과 그 의의에 관하여

친애하는 독자여, 이제 그대가 진지하게 관심을 두고 있는 일곱 가지 묵상법을 보도록 하자. 그대는 매주 각각의 요일에 그대의 정신을 집중하게 될 것인데, 그렇다고 해서 다른 주제들은 다른 날을 위해 치워둔 채 전혀 생각하지 않는다는 것은 아니다. 우리가 이미 다른 대로 어떤 주제든 우리의 마음을 하느님에 대한 사랑과 경외심 그리고 그분의 계명을 지키는 쪽으로 이끌어간다면 그것이 바로 이 묵상의 적절한 주제가 되기 때문이다. 그러나 우리가 여태 얘기한 대로 조금이라도 묵상 주제들을 잡는 것은 꼭 필요하다. 왜냐하면 한편으로 이런 주제들이 우리를 근본적인 선으로 이끌어주는 우리 신앙의 주요 신비들을 구체화하기 때문이고, 다른 한 편으로는 젖이 필요한 초보자들이 여기서 이미 준비되고 마련된 묵상 주제들을 찾게 될 것이기 때문이다. 그래서 그들이 스스로 어떻게 묵상해야 할지를 어렵게 찾아 나서지 않아도 되고, 또 어떤 주제에 집중하지 못한 채 어떤 주제는 선택하고 어떤 주제는 버려야 하는가 하는 문제 때문에 주저하지 않아도 된다.

우리는 또한 이 묵상이, 여태 얘기했던 대로, 한 사람이 하느님께 다시 한 번 돌아서는 회개의 시작과 잘 맞는 것임을 기억해야 한다. 그래서 우리를 회오와 죄에 대한 두려움, 하느님에 대한 경외심, 세상에 대한 경멸로 이끌어주는 주제들로 시작하는 것이 적절하다. 이 모든 것이 덕으로 가는 첫 번째 발걸음인 것이다. 그리고 초보자들은 위에서 열거한 거룩함과 덕을 견지하기 위해 이런 주제들에 대해 숙고할 시간을 조금이라도 가져야 한다.

4장

거룩한 수난에 대한 일곱 가지 묵상과
그에 필요한 방법

　그리스도의 거룩한 수난과 부활과 승천에 대한 일곱 가지 묵상을 제시할 건데, 혹시라도 여기에 그분의 지극히 거룩한 삶 가운데 다른 주요 사건을 덧붙일 수도 있다.
　그리스도의 수난 안에는 숙고해야 할 점들이 일곱 개가 있다는 것에 주목해 보아야 한다. 그분이 받으신 엄청난 고통에 대한 숙고를 통해 그분의 고통에 동참함, 그 고통의 원인이 된 우리의 심각한 죄에 대한 숙고를 통해 죄를 멀리함, 그분 은혜의 방대함에 대한 숙고를 통해 감사의 정을 지님. 빛처럼 뻗쳐나오는 하느님의 너그러우심과 사랑의 탁월함에 대한 숙고를 통해 우리도 그분께 사랑을 돌려드림, 우리에게 필요한 신비에 대한 숙고를 통해 그 신비에 대해 놀라워함, 그리스도의 여러 가지 덕들에 대한 숙고를 통해 우리도 그 덕을 닮아감.

이 주제들에 따라 묵상하는 동안 우리는 그리스도의 슬픔에 같은 마음을 지니려고 노력해야 한다. 이미 다른 곳에서 언급했듯이 그분의 슬픔은 매우 섬세한 그분의 몸과 그분 사랑의 위대함, 그리고 어떤 위로도 받지 못하고 견뎌 내셔야 했던 상황을 감안할 때 이보다 더 큰 슬픔은 없었을 것이다. 혹은 거기에서부터 우리 죄로 인한 슬픔의 원인을 찾아 낼 수도 있을 것이다. 이때 우리는 이게 바로 그분이 견디어 내신 많은 고통의 원인이라는 것을 알게 된다. 혹은 그분께서 우리에게 보여주신 사랑의 방대함과 우리에 대한 사랑 때문에 엄청난 대가를 치르시면서까지 우리를 구원해 주신 그 위대한 선물을 숙고한다면 우리는 여기서 사랑과 감사의 동기를 찾아낼 수도 있다. 혹은 다시 한 번 강조하지만, 우리가 눈을 들어 하느님께서 우리의 가엾음을 치유해 주시고, 우리의 빚을 탕감해 주시고, 우리의 필요를 도와 주시고, 당신 은총을 받을 수 있게 해 주시고, 우리 자만을 낮춰 주시고, 우리를 세상에 대한 경멸과 십자가와 가난, 금욕, 상처, 그리고 다른 모든 고결하고 품위 있는 행위에 대한 사랑으로 이끌어주시기 위해 택하신 방식들이 얼마나 감사한지를 숙고해 볼 수 있다.

다시 말하지만, 우리는 그분의 지극히 거룩하신 삶과 죽음을 통해 그분께서 우리에게 남겨주신 거룩함의 빛나는 모범에 주의를 돌려 보는 것이 좋다. 그분의 온유와 인내, 순종과 자비, 가난과 보속, 자애와 겸허, 친절, 겸손, 그리고 그분의 행위와 말씀 안에서 하늘의 별들보다 더 밝게 빛나는 다른 모든 덕. 우리가 그분 안에서 이렇게 보게 되는 것을 조금이라도 닮으려고 노력함으로써 그분으로부터 받은 영과 은총이 헛되지 않도록 하자. 그리고 이렇게 함으로써 그분을 통해 우리는 그분께로 나아가게 될 것이다. 이제 가장 고결하고 유익한 그리스도의 수난에 대한 묵상 방법을 보자. 그것은 그분을 모방하는 것이며, 그 모방으로써 우리가 점차로 변모되어 사도와 함께 이렇게 말하게 될 것이다. "이제는 내가 사는 것이 아니라, 그리스도께서 내 안에 사시는 것입니다"(갈라 2,20).

더구나 이 모든 신비 안에서 우리가 단순히 그분 수난의 역사적 사실을 생각하는 것에 그치는 것이 아니라 우리가 수난당하시는 그분과 함께 있는 상황을 우리 눈앞에서 그려 보아야 한다. 여기에는 다음의 네 가지 방법이 있다. 누가 고통을 당하시는가, 누구를 위해 그분은 고통을 당하시는가, 어떻게 그분은 고통을 당하시는가, 무슨 이유로 고통을 당하시는가.

누가 고통을 당하시는가? 전능하시고 무한하시며 크심을 헤아릴 수 없는 하느님. 누구를 위해 고통을 당하시는가? 이 세상에서 가장 배은망덕하고 생각 없는 피조물을 위해. 어떻게 고통을 당하시는가? 엄청난 겸손과 사랑, 친절, 온유, 자비, 인내, 부드러움의 마음으로. 무슨 이유로 고통을 당하시는가? 그분의 관심사로 인해서도 아니고 우리의 합당함 때문도 절대 아닌, 깊이를 헤아릴 수 없는 그분의 무한하신 동정심과 자비로 인해.

마지막으로, 그리스도의 외적인 고통을 숙고하는 것으로 그치지 말고, 오히려 내적인 고통을 훨씬 더 깊이 숙고해야 한다. 우리는 그분의 슬픔과 그분 마음 깊숙한 곳에 있는 감정과 생각을 살펴보기 위해 그리스도의 육신보다는 영혼에 훨씬 더 주의를 기울여야 한다.

지금까지 짧은 소개를 했는데, 이제는 그분의 거룩한 수난의 신비를 다시 차례로 잘 살펴보도록 하자.

거룩한 수난에 대한 일곱 가지 묵상

월요일

i 발 씻음과 복된 성체성사 제정

오늘은 십자성호를 긋고 기도 준비를 한 다음, 발을 씻으심과 지극히 거룩하신 성체성사를 제정하심을 숙고해 보자.

오, 나의 영혼이여, 이 장면에서 다정다감하신 예수님을 바라보라. 식탁에서 일어나시어 제자들의 발을 씻어 주시며 그대에게 드러내 주신 겸손의 모범을 보라. 오, 선하신 예수님, 당신이 누구신데 이게 무슨 일입니까? 오, 온화하신 예수님, 왜 당신께서는 당신의 엄위하심을 그리도 낮추시는 것입니까? 내 영혼이여, 이 사람들, 특히 유다의 발 앞에 무릎을 꿇으시는 예수님을 바라볼 때 어떤 느낌이 드는가? 그렇게도 엄청난 겸손을 바라보며 그대의 마음이 감동하지 않을 수 있겠는가? 어찌 그런 온유함이 그대의 마음을 찢어지게 하지 않겠는가? 그대가 이 온화하신 어린 양을 팔아넘길 마음을 먹는다는 것이 있을 수 있는 일인가? 그대 앞에 드러난 이런 모범에도 여전히 동정의 마음을 전혀 갖지 않는다는 것이 가능한 일인가? 순백의 아름다운 손이여, 어찌 이 더럽고 냄새나는 발을 만질 수 있는가? 지극히 순수한 손이여, 길바닥의 오물과 피로 뒤덮인 발들을 닦을 때 어찌 몸서리치지 않을 수 있을까? 오, 복된 사도들이여, 당신들은 그와 같은 겸손 앞에서 떨지 않겠소? 베드로여, 당신은 무엇을 하고 있소? 당신은 어찌하여 엄위의 주님께서 당신의 발을 씻게 하실 작정이오? 그의 발 앞에 자세를 낮춘 주님을 바라보고는 놀라 뒷걸음질치는 성 베드로는 (요한 13, 6; 8 참조) 이렇게 외친다. "주님, 주님께서 제 발을 씻으시렵니까! 당신은 살아 계신 하느님의 아들 아니십니까? 당신은 세상의 창조주요, 하늘의 온갖 아름다움이며 천사들의 낙원, 구원에 대한 인간의 희망, 성부의 영광의 빛나는 광채, 지극히 높은 하늘에 계신 하느님 지혜의 원천이 아니십니까? 그런데도 당신은 제 발을 씻으려 하십니까! 그 위대한 엄위와 영광의 주님이신 당신께서 그리도 비천한 임무를 수행하려 하십니까?"

그분께서 제자들의 발을 다 씻으신 후, 당신 허리에 두르신 거룩한 수건으로 그들의 발을 닦아 주시는 모습도 잘 생각해 보라. 영혼의 눈으로 볼 때 그대는 거기에 우리 구원의 신비의 이미지가 들어 있다는 것을 볼 수 있을 것이다. 그분께서 어떻게 흙먼지가 가득한 그들의 발을 아마포로 된 수건으로 닦아 주시는지를 숙고해 보라. 그 발은 깨끗해지고, 아마포 수건은 온통 때가 묻고 더럽혀질 것이다. 죄를 안고 잉태된 사람보다 더럽혀진 것이 어디 있겠고, 성령으로 잉태되신 그리스도보다 더 순수하고 아름다운 이가 어디 있겠는가? "나의 연인은 눈부시게 하얗고 붉으며 만인 중에 뛰어난 사람이랍니다"라고 연인은 말한다(아가 5,10). 우리 영혼의 때와 오물을 당신 자신의 것으로 취하려 하시는 이가 바로 그렇게도 아름답고 순수하신 주님이시다. 그분은 한없이 깨끗하시지만, 그 모든 더러움을 취하시고, 스스로 십자가 위에서 산산이 부서진 흉한 몰골이 되신다.

 마지막으로 구세주께서 이 행위를 마무리지으시는 말씀을 곰곰이 숙고하라. "내가 너희에게 한 것처럼 너희도 하라고, 내가 본을 보여 준 것이다"(요한 13,15). 이 말씀을 이 상황 안에서 그분께서 보여 주신 겸손의 모범뿐 아니라 그리스도 생애의 모든 행위와 연결 짓도록 하라. 왜냐하면, 이 모범은 모든 덕의 완벽한 거울이며 특별히 우리 앞에 펼쳐진 이 사건에서 드러난 덕의 완벽한 거울이기 때문이다.

월요일

ii 지극히 거룩한 성체성사의 제정

이 신비를 조금이라도 이해하기 위해서는 어떤 인간의 언어도 그리스도께서 당신의 정배인 교회에 대해 갖고 계신 사랑의 정도를 표현할 수 없다는 사실에서 시작해야 함을 기억하라. 사실 그분께서 갖고 계신 교회에 대한 사랑으로 인해 그분은 우리 영혼 하나하나를 당신의 정배로 여기시고 은총 안에서 모든 영혼에 대해서 같은 사랑을 갖고 계신다.

이처럼 이 애정 가득하신 분께서는 이 세상 삶을 마칠 무렵 그분의 정배인 교회가 당신이 계시지 않는 상황 속에서도 망각에 빠지지 않도록 기념으로 지극히 거룩한 성체성사를 남겨 주셨는데, 당신께서 거하시는 이 성사로써 주님과 우리 사이의 상호 기억을 영구히 해 주시고, 우리로 하여금 그분 외에 다른 것을 찾지 않게끔 하시려는 것이었다. 당신의 기나긴 부재 동안 그분은 당신의 정배인 교회에 동반자를 남겨주심으로써 교회가 절대 홀로 있지 않다는 것을 알게 하려는 것이었다. 이렇게 주님께서는 당신 자신인 성체성사를 당신의 정배에게 남겨 주셨다. 그리고 그분께서는 당신의 정배를 위해 이보다 더 나은 동반자를 찾을 수 없으셨을 것이다. 그분은 또한 정배를 위해 죽음의 고통을 겪으시길 바라셨다. 이렇게 해서 정배를 구원하시고 그분 피의 대가로 교회를 풍요롭게 하시려는 것이었다. 그리고 교회가 이 보배 안에서 즐겨 용약하도록 그분은 교회에 열쇠를 하나 남겨주셨다. 성 요한 크리소스토모가 말하듯이, "우리가 자주 성체성사에 다가갈 때 우리는 그리스도 곁에 우리의 입술을 두고 그분의 소중한 피를 모시며 우리 존재를 그분과 하나 되게 하는 것임을 기억해야 한다"(「Homil.」 85, 3, in 『Joan.』).

게다가 이 천상의 배필께서는 당신 사랑에 대한 보답으로 당신의 정배로부터 크나큰 사랑을 받으시기를 바라셨다. 이 때문에 그분은 말씀으로 축성된 이 신비로운 음식을 마련해 주심으로써 이를 합당하게 받아 모시는 이는 사랑으로 감화되고 또 마음에 큰 사랑의 아픔을 지니게 되는 것이다.

그분은 또한 당신의 정배가 이 복된 영광을 소유할 것이라는 약속과 함께 위안해 주시기를 바라셨다. 그래서 정배는 이 희망을 지표 삼아 인생의 쓰라림을 즐거운 마음으로 겪어낼 수 있게 되었다. 그리고 정배가 이 복된 희망을 분명하고 확실하게 견지하게 하려고 그분께서는 정배에게 이 형언할 수 없는 보물을 남겨 주셨는데, 이 보물은 그것 하나만으로도 교회가 희망하는 모든 것이나 다름없다. 따라서 정배는 영적이고 영광스러운 상태에서 살아갈 수 있도록 하느님께서 모든 것을 베풀어주신다는 것에 대해 의심할 필요가 없다. 왜냐하면, 그분께서는 이 눈물의 골짜기에서 육을 입고 살아가는 정배에게 그 약속을 거절하지 않으시기 때문이다.

그분은 또한 죽음의 시간에 유언하시어 당신의 정배에게 눈부시게 빛나는 선물을 남겨주시기를 원하셨기에, 당신이 갖고 계신 가장 소중하고, 정배에게는 가장 유익한 선물을 주셨다. 이 선물을 통해 그분께서는 당신의 정배에게 하느님을 주신 것이다. 그리고 마지막으로 우리 영혼이 살아갈 충분한 식량과 양분을 남겨주시길 바라셨다. 왜냐하면 영혼은 육신이 필요한 것만큼 영적인 생명을 위해 특별한 자양분이 필요하기 때문이다. 그래서 우리의 연약함으로 인해 요동치는 우리의 처지를 잘 아시는 지혜로우신 의사 선생님께서는 이 성사를 우리를 위해 양식의 형상으로 제정해 주셨다. 이 성사의 제정 방식이 시사해 주는 바는 이 성사로써 수반되는 효과와 우리 영혼이 이 성사를 꼭 필요로 한다는 것이다. 이는 실로 우리 몸에 적절한 양분이 필요한 것과 마찬가지다.[5]

---

5 『성 이냐시오의 영신수련』:「세 번째 주」, 첫 번째 관상 참조.

화요일

동산에서의 기도와 체포
한나스 앞에서의 재판

오늘 그대는 올리브 동산에서의 기도, 즉 구세주의 체포되심과 한나스의 저택에서의 모욕을 생각하게 될 것이다.

우선 먼저 최후 만찬의 신비를 마친 후에 우리 구세주께서 수난의 격전을 치르시기 전 제자들과 함께 올리브 동산으로 가신 것을 숙고해 보라. 그분은 우리가 어떻게 삶의 모든 노고와 유혹 안에서도 거룩한 보루로서 늘 항구하게 기도에 의탁할 것인지를 가르쳐 주시기 위해 이 모범을 보여 주셨다. 그분 덕분에 우리는 고난의 무거운 짐을 내려놓게 될 것인데, 이것 역시 대단한 은총이 아닐 수 없다. 게다가 그분은 이 시련을 겪으심으로써 우리에게 은총에 은총을 더할 수 있도록 힘을 주실 것이다.

동산으로 가실 때 그분께서는 사랑하시는 세 제자, 성 베드로, 성 야고보, 성 요한을 동반하셨다. 이들이 바로 그분의 거룩한 변모의 증인들이며, 이제 그들은 당시 그들이 목격한 광채가 인간에 대한 사랑 때문에 그분이 취하신 모습으로서 그것이 평소 그분 모습과 얼마나 다른지를 분명히 알게 될 것이다. 그들이 그분 영혼의 내적 고통이 바깥쪽으로 드러나기 시작한 고통과 다르지 않다는 것을 알게 될 것이다. 그래서 그분께서는 이렇게 말씀하신다. "내 마음이 너무 괴로워 죽을 지경이다. 너희는 여기에 남아서 나와 함께 깨어 있어라"(마태 26,38). 이 말씀을 하신 후 우리 주님께서는 제자들로부터 돌을 던지면 닿을 만큼 떨어져서 땅에 엎드려 성부께 깊은 존경심을 보이며 기도하기 시작하셨다. "아버지, 하실 수만 있으시면 이 잔이 저를 비켜 가게 해 주십시오. 그러나 제가 원하는 대로 하지 마시고 아버지께서 원하시는 대로 하십시오"(마태 26,39). 이 기도를 그분은 세 번이나 반복하셨고, 세 번째에는 그분의 온몸에 흘러내려 땅에 떨어질 만큼 피땀을 흘리시는 고통에 이르셨다. 우리 주님께서 이런 고통을 당하시는 모습을 상상해 보고, 당신이 당하실 모든 고통을 떠올리셨을 모습을 곰곰이 바라보라. 그분은 사람의 몸에 가장 고통스러운 부분에 가해지는 그 잔혹한 고문의 고통을 완전하게 느끼시는 것이다. 그분은 ― 당신 고통의 원인인 ― 세상의 모든 죄를 떠올리시고, 또한 수많은 영혼이 이것을 통해 얻게 될 은혜를 인식하지 못하고 너무도 엄청나고 값비싼 대가로 이루어지는 은총에 이르지 못하는 배은망덕을 떠올리신다. 그분의 영혼은 갖가지 고초를 겪으시고, 그분의 감각과 극도로 예민해져 있는 몸은 극도의 고통 속에 있으며, 온몸의 모든 근육이 부어올라 몸이 사방으로 찢어지는 고통 속에서 많은 피땀을 땅에 흘리고 계신다. 앞으로 받을 고통을 바라보며 그분의 육신이 그토록 괴로워했다면 영혼이 겪을 고통의 상태는 직접적으로 가히 상상이나 하겠는가?

이제 그분께서 기도를 마치실 때 가짜 친구가 가증스러운 무리와 함께 거기에 도착했다. 그는 사도로서의 신분을 버리고 사탄이 이끄는 군대의 수장이요 대장이 되었다. 그가 다른 이들 앞으로 나와 선하신 스승에게로 가까이 다가가 가장된 평화의 입맞춤을 하며 그분을 팔아넘기는 모습을 살펴보라. 그때 우리 주님께서는 당신을 잡으려는 이들에게 이렇게 말씀하신다. "너희는 강도라도 잡을 듯이 칼과 몽둥이를 들고 나를 잡으러 나왔단 말이냐? 내가 날마다 성전에 앉아 가르쳤지만, 내가 날마다 너희와 함께 성전에 가르칠 때에는 너희가 나에게 손을 뻗치지 않았다. 그러나 이제는 너희 때요, 어둠이 권세를 떨칠 때다"(마태 26,56; 루카 22,53). 이 얼마나 놀라운 신비인가! 그저 죄인 정도가 아니라 유죄 선고를 받은 범죄자의 모습을 취하신 하느님의 아드님을 보는 것보다 더 놀라운 일이 있을까! 그분께서 말씀하신다. "지금이 너희의 때요, 어둠이 권세를 떨칠 때다." 이처럼 지극히 순수하신 어린양이 어둠의 왕좌들 — 즉 악마들 — 의 힘에 넘겨져 그들의 손에 짐작 가능한 모든 고문과 잔인함을 겪어내야 할 순간이 왔음을 보여 주는 것이다. 거룩하시고 존엄하신 분께서 그대를 위해 당신 자신을 내어 놓으시는 이 엄청난 모멸의 깊이를 생각해 보라. 그분께서는 악마의 하수인에게 당신 자신을 내어 주셨고, 그렇게 해서 악마들의 손에 넘겨졌다. 사실 이것은 죄로 인해 우리가 받아야 마땅한 고통이다. 그분은 그대가 그 고통에서 스스로 빠져나올 수 있는 위치에 있을 수 있도록 그 고통을 선택하신다.

그 후, 이 게걸스러운 늑대들 무리 전체가 이 온화하신 어린양을 붙잡는다. 어떤 자들은 그분 옆구리 한쪽을 다른 자들은 다른 쪽을 자기들이 편한 대로 움켜잡는다. 그자들이 얼마나 거칠게 그분을 다루는가! 그자들이 그분께 온갖 모욕을 내뱉는다. 그자들은 그분을 밀치고 가격까지 한다. 마치 사냥감을 향해 달려드는 사냥꾼들처럼 소리 지르고 난동을 부린다. 그자들은 얼마 전까지도 기적을 일으켰던 거룩한 손을 낚아챈다. 그들은 밧줄로 그 손을 아무렇게나 거칠게 힘을 다해 묶어 버린다. 그분의 팔은 온통 찢겨 나가고 피가 흘러내린다. 그자들은 불명예를 뒤집어쓴 그분을 한 길로 데려 나간다. 이렇게 당신의 제자들에게서 떨어져 나와, 끌려가시는 분을 바라보라. 그분은 원수들에게 둘러싸여 격렬하게 끌려가시면서 거칠고 고통스러운 숨을 쉬신다. 잔인하고 맹렬하게 끌려가시면서 그분의 온몸은 더럽혀지고, 얼굴은 뜨거워져 빨갛게 달아오른다. 그러나 이런 사악한 고초 가운데서도 참으로 차분한 그분의 모습, 그분 눈의 엄숙함에 주목해 보라. 이는 완전한 하느님의 모습으로서, 세상의 온갖 모욕 가운데서도 절대 가려지지 않는 하느님의 거룩하신 형상이시다.

 우리 주님과 함께 한나스의 집으로 가 보자. 대사제가 그분께 제자들과 당신 가르침에 대해 던지는 질문에 얼마나 침착하고 정중하게 대답하시는지를 보라. 그리고 그때 사악한 구경꾼 가운데 한 사람이 이렇게 말하면서 그분의 뺨을 내려치는 장면을 바라보라. "대사제께 그따위로 대답하느냐?" 이에 구세주께서는 침착하게 대답하신다. "내가 잘못 이야기하였다면 그 잘못의 증거를 대 보아라. 그러나 내가 옳게 이야기하였다면 왜 나를 치느냐?"(요한 18,22-23). 오, 나의 영혼이여, 그분 대답의 부드러움만이 아니라 그분의 거룩하신 얼굴을 곰곰이 바라보라. 심하게 얻어맞아 멍들고 더럽혀진 얼굴에도 침착함을 잃지 않는 눈과 찡그림이 전혀 없는 눈썹을 보라. 그리고 그분을 때린 자가 요구했더라면 다른 쪽 뺨도 내밀 준비가 되어 있는 참으로 겸손하시고 지극히 거룩하신 그분의 영혼을 보라.

수요일

가야파 앞에서의 신문을 받으심과 성 베드로의 부인 그리고 매 맞으심

오늘 그대는 대사제 가야파 앞으로 끌려가시어 그날 밤 고초를 겪으시는 우리 주님과 베드로의 부인, 그리고 기둥에 묶여 매 맞으시는 주님을 그려 볼 것이다.

우선 먼저, 우리 주님께서 한나스의 집에서 끌려 나와 대사제 가야파의 집으로 가시는 모습을 바라보라. 그분을 따라가 보라. 정의의 태양께서 가려져 빛을 잃는 모습과 천사들도 보기를 갈망하는 그분의 신성한 얼굴(1베드 1,12 참조)이 침 뱉음 당하시는 모습을 바라보라. 하느님의 이름으로 자신이 누구인지를 말해 보라는 명령에 구세주께서는 아주 적절하게 답하시지만(마태 26,64 참조), 이러한 고결한 대답에 부당하기 그지없는 그자들은 너무도 밝은 빛의 광채로 눈이 멀었다. 그들은 다시 한 번 들짐승에게 대들 듯이 그분께 자신들의 분노와 화를 터트린다. 그들은 그분을 때리고 가격한다. 그들의 더럽고 사악한 입으로 그분의 신성하신 얼굴에 침을 뱉고, 그분의 눈을 가린 채 고귀한 얼굴을 후려친 후 조롱하며 말한다. "누가 때렸는지 알아맞혀 보아라"(루카 22,64 참조). 오, 놀라우신 겸손이여, 하느님 아들의 인내여! 천사들의 아름다움을 지닌 이 얼굴에 침을 뱉을 수 있단 말인가? 사람들은 침을 뱉을 때 더러운 구석으로 몸을 돌려 침을 뱉는 경향이 있다. 이 커다란 궁전 가운데 당신의 거룩한 얼굴보다 더 더러운 곳이 없어서 그분의 얼굴에 침을 뱉었는가? 그저 흙이요 먼지에 불과한 그대가 그대 앞에 있는 이 거룩한 표양을 보고 자신을 겸손하게 낮추지 않을 수 있겠는가?

이제 방향을 돌려, 그 고통스러운 밤 동안 구세주께서 겪으신 고통에 집중해 보자. 성 루카에 의하면 감옥을 지키는 병사들이 잠이 오는 것을 참기 위해 그분을 모욕하고 때리고 조롱하였다. 오, 나의 영혼이여, 어찌 이 지극히 온유하신 정배께서 이자들의 구타와 결박의 대상이어야 하는가! 오, 저주로 짓눌린 잔인한 밤이여! 나의 선하신 예수님, 당신은 잠도 주무실 수 없었습니다. 당신을 취미 삼아 고문하던 이들 역시 잠을 자지 않았습니다. 밤은 모든 피조물이 하루 동안 일한 후 사지와 감각이 힘을 다시 얻도록 휴식을 취하게 하기 위해 창조된 것입니다. 그런데 이 사악한 사람들은 그날 밤을 당신의 몸에 고초를 주고 당신의 영혼을 괴롭힘으로써 당신을 고문하는 시간으로 삼았습니다. 그들은 당신의 사지와 오감에 고통을 주고, 당신의 손을 결박하고, 당신의 얼굴을 강타하고, 당신의 거룩한 인격에 침을 뱉고, 당신의 귀에 심한 고문을 하였습니다. 몸의 모든 지체가 휴식을 취해야 하는 그 시간에 당신은 고통과 괴로움 속에 계셨습니다. 이 아침의 찬가가 이 순간 천상의 천사들이 당신께 불러드리는 찬가 의 아름다운 소리와 어찌 이리 다른가요! 천사들은 "거룩하시다. 거룩하시다!"를 노래하는데, 이곳에서는 "죽이시오. 죽이시오." "그를 십자가에 못 박으시오! 십자가에 못 박으시오!"하고 외쳐댑니다(루카 23,21). 오, 낙원의 천사들이여, 당신들은 이 두 줄기의 소리를 듣고 있습니다. 천상에서는 당신들이 지극한 그분께 공경을 드리는데, 이 지상에서 이렇게 학대받으시는 그분을 바라볼 때 어떤 느낌이 듭니까? 고통을 가하는 이들, 바로 그자들을 위해 고통을 견디어 내시는 하느님을 바라볼 때 무슨 생각이 듭니까? 이토록 큰 사랑의 행위를 예전에 누가 알았겠습니까? 당신을 죽음으로 몰아넣는 바로 그 사람들을 살리시기 위해 죽음을 겪으시는 그 사랑의 행위를 말입니다!

이 애처로운 밤의 고초는 성 베드로의 부인으로 인해 더욱더 가중된다. 주님의 변모 때에 그 영광의 증인으로 선택되었고, 다른 모든 이 가운데서 교회의 우두머리라는 영예를 받은 이 우애 깊은 친구는 모든 이 가운데서 가장 먼저 그것도 한 번이 아닌 세 번이나 바로 그 주님 앞에서 그분을 알지 못할 뿐 아니라 그분이 누구인지조차 모른다고 맹세하고 또 맹세한다. 오, 베드로여, 당신 앞에 계신 그분을 당신이 안다고 하면 그렇게도 창피한 일일 만큼 그분이 악한 존재였습니까? 당신은 대사제보다도 먼저 그분을 단죄한 첫 번째 사람임이 틀림없습니다. 왜냐하면, 당신은 그분을 아는 것이 불명예스러운 것임을 이해하게 해줬으니까요. 그분에게 이보다 더 깊은 상처가 있을 수 있을까요? "그리고 주님께서 몸을 돌려 베드로를 바라보셨다"(루카 22,61). 그분께서는 길 잃은 이 양에게 눈길을 주신 것이다. 오, 놀라운 힘을 지닌 시선이여, — 조용하지만, 오 얼마나 의미 가득한 바라봄인가! 베드로는 그 눈길이 전하는 말과 메시지를 잘 이해하였다. 그를 일깨우고자 한 닭의 울음소리는 아무런 효과가 없었지만, 이 눈길이 준 외침은 그를 일깨워 주었다. 그리고 그 눈빛, 즉 그리스도의 눈은 단순히 말만 한 것이 아니라 뭔가를 하였다. 베드로의 눈물이 그것을 증명해 준다. 사실 그 눈물은 베드로의 눈에서 흐르는 눈물이라기보다는 그리스도의 눈에서 흐르는 눈물이다.

그리고 이제 이 상처들을 지나, 그리스도께서 기둥에 묶여 매 맞으심을 숙고해 보자. 악이 받친 군중의 분노를 달랠 길이 없다는 것을 안 재판관은 그분에게 극도로 지독한 매질을 하도록 결정했다. 그는 이 매질이 그 잔혹한 사람들의 마음속에 있는 분노를 가라앉히기에 충분할 것이고, 그래서 그들이 그분을 죽이라고 외쳐 대지 않으리라고 생각한 것이다. 오, 나의 영혼이여, 이제 빌라도 총독 관저로 들어가 보자. 이제 그대는 울 준비를 해야 할 것이다. 왜냐하면 그대가 이제 보고 들을 것은 눈물을 흘리지 않고는 보고 들을 수 없기 때문이다. 자, 이제 이 사악하고 잔인한 사형 집행인들이 우리 구세주의 옷을 벗기는 모습을 보라. 그리고 그분이 엄청난 겸손으로 입 한 번 열지 않으신 채, 그리고 그들이 당신께 퍼붓는 모든 모독에 어떤 답도 하지 않은 채, 그들이 당신께 온갖 폭행을 가하게 내버려 두시는 모습을 보라. 그들이 자기들 맘대로 그분의 몸을 때리고 고통스럽게 하려고 참으로 거룩한 그분의 몸을 기둥에 묶는 모습을 바라보라. 어디에다 어떻게 묶느냐는 그들에게 아무런 문제가 되지 않는다. 이 잔악한 사형 집행인들 가운데 친구나, 당신 편을 들어 줄 보호자도 하나 없이 심지어는 동정 어린 시선을 보내 줄 이 하나 없이, 홀로 계신 천사들의 주님을 보라. 그리고 그들이 어떻게 그분의 지극히 연약한 몸에 터무니없이 잔혹한 몽둥이와 채찍으로 매질을 해 대는지를 보라. 온몸이 부서지는 매질에 또 매질이 이어지고, 피멍이 든 몸에 또 피멍

이 들고, 살갗이 찢어져 피가 흐르는 상처에 또 상처가 계속된다. 곧이어 그대는 이 지극히 거룩한 몸이 온통 상처투성이가 되어 극도로 고통스러워하는 모습을 보게 될 것이다. 온통 찢긴 상처에서 피가 낭자하여 사방으로 흘러내린다. 그러나 무엇보다도 가장 강력하고 잔인한 매질이 가해지는 어깨 사이에 패인 엄청난 상처를 바라보는 것은 얼마나 처참하고 고통스러운 일인가!

매질이 끝난 후, 그 엄청난 고통 가운데서도 옷을 챙겨 입으려 하시는 주님을 바라보라. 사형 집행인들이 지켜보는 가운데 그분은 이 구석 저 구석에 있는 옷을 주우러 죽을힘을 다해 기어가신다. 왜냐하면 거기에 있는 누구도 그분을 도와 주지 않기 때문이고, 또 그렇게 상처를 입은 사람들이 일상적으로 받는 치료와 회복을 위한 보살핌이 그분께는 전혀 주어지지 않을 것이기 때문이다.

이 모든 신비는 우리가 온 힘과 믿음을 다해 묵상하고 감사하며 숙고해야 한다.

목요일

가시관 쓰심과, ECCE HOMO(이 사람을 보라), 그리고 십자가를 지심

오늘 우리는 주님께서 가시관 쓰심, '이 사람을 보라(Ecce Homo)'와 구세주께서 십자가를 지심에 대해 성찰해야 한다.[6] 아가서의 연인은 이 슬픈 신비들에 대해 숙고하도록 우리를 초대한다. "나와서 보아라, 시온 아가씨들아, 혼인날, 마음이 기쁜 날에 그 어머니가 면류관을 씌워 준 솔로몬 임금을!"(아가 3,11).

내 영혼이여, 그대는 무얼 하고 있는가? 내 가슴이여, 그대는 어떤 생각을 품고 있는가? 내 혀여, 그대는 어찌 침묵하는가? 오, 저의 가장 감미로우신 구세주님, 저는 눈을 뜨고 제 눈 앞에 펼쳐지는 이 비통한 장면을 응시할 때 제 가슴은 비탄에 잠겨 찢어집니다. 오, 주님, 이 정도로 충분하지 않습니까? 이미 혹독하게 맞으신 매질과 임박한 죽음, 그리고 이미 엄청나게 쏟아부으신 피로

---

6   이 문장에 pleading[sic]이 나오는데, 이는 원문에 나오는 것을 그대로 번역하여 옮긴 것이다. 이 단어를 따로 번역하지 않아도 될 것 같아 번역하지 않았다. 이 단어를 번역해야 한다면 "우리를 위해 '애원하시면서' 십자가를 지심"으로 번역할 수 있다(역자 주).

충분하지 않습니까? 그런데도 그자들은 어찌하여 머리 위에 가시들을 억지로 쑤셔 넣는 고통을 가함으로써 머리에서 피를 더 쏟게 하는 겁니까? 오, 나의 영혼이여, 이 고통스러운 슬픔의 신비를 제대로 이해하려면 그대의 눈앞에 평상시 그분의 모습과 위대한 그분의 덕의 이미지를 그려 보고, 그런 다음, 지금의 그분 상태와 그것을 대조해 보라. 그분 아름다움이 내는 광채와 그분 눈의 온화함, 그분 말씀의 감미로움, 분위기에서 풍기는 그분의 권위, 그리고 이 모든 것과 더불어 그분의 온유함과 차분함, 그토록 많은 존경심을 자아 내었던 그분의 특별한 품위를 바라보라.

그분의 이런 모습을 살펴보고 지켜본 다음, 이제 그대의 눈을 돌려 그대 앞에 있는 조롱 섞인 자주색 옷을 입고, 왕홀로서 갈대를 들고 계시며 머리 위에 공포의 왕관을 쓰고 계신 분을 바라보자. 감겨 있는 눈에 얼굴은 죽은 이의 것과 같고 온몸은 더러운 타액과 피로 뒤범벅이 되어 있다. 그분의 내면을 보고, 또 외면을 보라. 그분의 마음은 슬픔으로 가라앉아 있고, 그분의 몸은 온통 상처투성이다. 제자들로부터 버림받으시고, 유대인들의 추궁을 받으시며, 병사들의 조롱거리가 되시고 대사제들로부터는 경멸의 대상이 되어 계시며, 사악한 왕은 그분에게서 등을 돌렸고, 불의하게 고발되셨으며, 인간의 선한 의지는 모두 박탈당하신 분을 바라보라. 이 모든 일이 과거에 저질러진 일로 생각하지 말고 오히려 지금 일어나고 있는 일로 생각하라. 이는 다른 사람의 슬픔이 아닌 바로 그대 자신의 슬픔인 것이다. 고통당하시는 그분의 자리에 그대가 있다고 생각하라. 머리와 같은 매우 예민한 부위에 수많은 날카로운 가시들이 뼈를 뚫을 정도로 깊이 짓눌려 있다면 그대는 어떤 고통을 느낄 것인지 생각해 보라. 정말로 날카로운 가시들! 가시 끝 하나하나는 견딜 수 없는 고통을 준다. 그런 무시무시하고 끔찍스러운 가시에 찔려 있는 머리는 어떤 고통을 당했을까?

구세주께 가시관을 씌우고 조롱을 한 후 재판관은 온통 상처투성이인 그분의 손을 잡고 성난 군중 앞으로 끌고 나가 이렇게 말한다. "Ecce Homo" — "이 사람을 보라!" 이 말은 이런 의도로 한 것이다. 만일 너희가 질투 때문에 이 사람을 죽이고자 한다면, 이제 보라! 이제는 더 이상 선망의 대상이 아니라 가여움의 대상이 되어 있는 이 사람을 보라! 너희들은 이 사람이 왕이 될까 두려워하였다. 이제 온통 일그러져 인간의 형상이라고는 찾아볼 수 없는 이 사람을 보라! 이 찢긴 손이 정말 두려운가? 너희는 이 갈기갈기 찢긴 몸에 어떤 형벌을 더 가하기를 원하는가?

나의 영혼이여, 이제 이 처참한 장면에서 눈을 떼라. 눈에 눈물이 가득하고 흐느끼는 숨을 쉬면서도 속력을 다해 동정녀의 집으로 서둘러 가 보아라. 그분을 만나면 그분 발 앞에 엎디어 동정녀께 이렇게 슬픈 어조로 말을 건네기 시작하라. "천사들의 모후, 하늘의 여왕, 낙원의 문, 세상의 변호자, 죄인들의 피난처, 온갖 덕의 스승, 순결의 거울, 정결의 깃발, 인내의 모범, 모든 완덕의 총체이신 나의 어머니시여, 저는 저주받아야 마땅합니다. 제 눈이 이 시간 동안 일어나는 모든 일을 하나도 빠지지 않고 보아야 했기 때문입니다. 이제 제 눈앞에 펼쳐졌던 것들을 다 지켜보았으니 제가 어찌 더 오래 살겠습니까? 어떤 말이 더 이상 필요하겠습니까? 저는 당신의 외아드님이자 저의 주님을 뵙고 왔습니다. 그분은 제 동료들로부터 고통을 당하시고는 다시 고통스럽게 당신 자신이 못 박히실 십자가를 지고 가고 계셨습니다."

 누가 지금 성모님의 비통함을 헤아릴 수 있겠는가? 그분의 영혼은 꺼져간다. 성모님의 얼굴과 동정이신 몸은 온통 땀으로 젖어 사투를 벌인다. 더 위대한 순교를 겪게 하시어 더 영광스러운 왕관을 선사하시려고 그분을 지켜 주시는 것이 하느님의 뜻이 아니었다면 성모님의 생명을 품고 있던 그 몸은 사멸했을 것이다. 그분을 보고자 하는 성모님의 갈망은 슬픔이 앗아갔던 힘을 되찾게 해 준다. 성모님은 멀리서 팔들이 부딪히는 소리와 많은 사람들의 발자국 소리, 그리고 도시에서 울부짖는 이들의 목소리를 듣는다. 곧이어 높이 들린 창날들과 도끼날과 땅바닥에 흘려 있는 핏방울들과 핏자국들이 성모님의 시야에 들어온다. 당신 아드님이 어디로 가셨는지 알려주는 사람이 없더라도 대번에 어디로 지나가셨는지 알기에 충분한 흔적들이다. 성모님은 점점 더 가까이 당신의 사랑하시는 아드님에게 다가가신다. 성모님은 당신 영혼을 그토록 사랑하던 분을 보시기 위해 슬픔과 죽음의 그늘이 드리운 당신 눈을 가까스로 드신다. 오, 성모님의 가슴은 그리움과 공포가 뒤섞여 있으리라! 한순간 그분을 보고자 하는 열망이 일었다가도 바로 그토록 비통하고 통탄할 만한 장면을 보는 것이 너무도 두려워 뒷걸음치다 넘어지신다.

한참 후에 성모님은 그분을 바라볼 수 있는 지점에 다다르신다. 그곳은 또 다른 응시를 할 수 있는 곳! 천상의 두 빛줄기가 보인다. 이런 응시는 가슴 깊숙한 곳까지 파고들어 그 두 분의 동정 가득한 영혼들을 휘저어 놓는다. 그들의 입은 굳게 닫혀 있지만 어머님의 가슴은 말씀을 하셨고 성모님의 온유하신 아드님께서는 그 말씀에 답을 하셨다. "지극히 사랑하고 가장 친애하는 내 어머님, 어찌하여 여기까지 오셨습니까? 당신의 슬픔은 제 슬픔을 더합니다. 당신의 고통은 저를 짓누릅니다. 어머니 그냥 집으로 돌아가세요. 집으로 가세요. 당신의 겸양과 동정의 순수함이 이 도둑 살인자들과 함께 하기에는 너무 어울리지 않습니다." 이분들의 가슴에서 나오는 이런 말씀들과 또 다른 말씀들은 가슴을 친다. 서로에게 하는 말씀들은 연민으로 가득 차 있다. 이렇게 해서 십자가 형장으로의 고통스러운 여정은 막을 내린다.

금요일
십자가에 못 박히심과 가상칠언

　오늘 우리는 십자가의 신비와 십자가상에서의 일곱 말씀을 관상해야 한다. 나의 영혼이여, 이제 몸을 일으켜 거룩한 십자가의 신비를 숙고할 차비를 갖추라. 이 십자 나무의 열매가 독이 든 금단의 열매로 야기된 악을 선으로 바꾸었다.
　먼저, 처형장에 도착하신 우리 구세주를 보라. 부패한 원수들이 그분의 죽음을 더욱 수치스럽게 만들려는 야심으로 솔기 없이 통으로 짠 속옷까지 다 벗겨 버렸다. 당신을 잔인하게 다루는 자들에게 입을 열어 한마디 말도 하지 않으신 채 그저 고초를 견뎌 내시는 지극히 결백하신 어린양을 지켜보라. 오히려 그분께서 당신의 옷을 벗기게 내버려 두시는 데에는 어떤 뜻이 있다. 즉 우리가 죄에 떨어져 벌거벗은 모습을 알게 된 후 무화과 나뭇잎으로 된 옷보다 훨씬 더 훌륭한 옷으로 우리의 벌거벗은 몸을 다시 입혀 주시기 위해서 그렇게 하시는 것이다.
　어떤 박학한 저자들이 말하기를, 형 집행인들이 우리 주님의 겉옷을 벗길 때 그분 머리 위에 가시관이 벗겨졌고 이때 주님은 상당한 고통을 당하셨다고 한다. 그분이 벌거벗겨지자, 그들은 매우 거칠게 그분의 머리 위에 가시관을 다시 씌웠고, 가시가 다시 그분의 머릿속 깊이 박혀 그분의 고통은 이루 말할 길이 없었다. 이런 잔인함이 다른 모든 고문과 함께 그리스도께 가해졌음은 가히 상상이 간다. 게다가 어떤 고문들은 너무 가혹했다. 복음서 저자가 말하는 대로 그들은 그분에게 가할 수 있는 고통은 다 가했고, 그분은 이 수난 가운데 모든 것을 견뎌 내셔야 했다. 매질로 생긴 상처에 달라붙은 겉옷은 피가 굳으면서 더 단단히 붙어 있었는데, 그들은 그분의 겉옷을 무자비하게 벗겨 버렸고, 주님께서 받으신 고통은 상상도 할 수 없는 정도였다. 이런 악을 저지르면서도 그들은 눈 하나 깜짝하지 않았다. 그들이 온 힘을 다해 옷을 벗길 때 그분의 몸에 매질로 났던 상처가 한꺼번에 다 벗겨져 나가 그분의 거룩한 몸에서 온통 피가 쏟아져 나왔다.

나의 영혼이여, 여기서 하느님의 신성한 은혜가 얼마나 큰지, 그리고 이 신비 안에서 엄청난 광채로 빛나는 자비가 얼마나 큰지를 생각해 보라. 하늘에 구름을 펼치시고 땅을 꽃들과 온갖 아름다운 것들로 펼치시는 분께서 옷 벗김을 당하신다. 이 거룩한 몸이 겪어야 했던 추위를 생각해 보라. 산산조각이 난 몸에서 그저 옷만 벗겨진 것이 아니라 살갗이 전부 벗겨진 것이다. 전날 밤, 성 베드로는 옷을 입고 불을 쬐고 있었는데도 추위를 느꼈다고 한다. 하물며 주님의 이 처절하게 벌거벗겨지고 상처 가득한 몸은 얼마나 더 큰 고통을 느꼈겠는가?

이제 우리 구세주께서 어떻게 십자가에 못 박히셨는지를 생각해 보라. 극도로 고통스러운 몸의 가장 예민하고 민감한 부분에 굵은 못이 박히고 구부려지는 것을 견뎌 내셔야 했던 그 고통을 생각해 보라. 병사들이 잔인하고 무자비하게 덤벼들어 거룩한 주님의 손과 발에 못을 박는 처절한 장면을 두 눈으로 보고 두 귀로 들은 동정 마리아를 생각해 보라. 참으로, 망치로 아드님의 손에 못을 박아 내려치는 것은 차라리 어머니의 가슴에 못을 박는 고통이었을 것이다.

이제 그들이 주님의 십자가를 높이 세우는 모습을 보라. 이 잔인한 형 집행자들이 이미 준비된 구덩이에 십자가를 내려놓는 순간 주님의 신성한 몸은 너무도 고통스럽게 흔들렸고 못에 뚫린 손과 발의 상처는 사정없이 찢어지는 견딜 수 없는 고통을 겪어야 했다.

오, 저의 구세주요 구원자님, 돌 같은 마음이 아닌 이상 어떤 마음이 이 고통에 함께 할 수 있겠습니까? 맞습니다! 바로 그날, 십자가에서의 당신의 고통을 지켜보고는 그 앞에 있던 바위가 둘로 갈라지고 말았습니다. 오, 주님, 죽음의 슬픔과 공포와 고통이 엄습해오고, 폭풍과 바다의 거센 파도가 온통 당신을 덮쳐 옵니다(시편 18,5 참조). 당신은 어둠의 심연에 둘러싸이고 당신 편에 서 있을 이 아무도 없습니다(시편 69,3 참조). 당신의 아버지께서 당신을 버리셨습니다(마태 27,46 참조). 오, 주님, 당신은 사람에게서 무엇을 찾으십니까? 당신의 원수들이 당신을 거슬러 소리를 질러댑니다. 당신의 친구들이 당신의 가슴을 부수었습니다. 당신의 영혼은 괴로워하고. 저에 대한 사랑 때문에, 당신은 어떤 위로도 마다합니다. 제 죄는 참으로 완고합니다. 당신께서 선으로 제 악을 갚으심이 바로 그 증거입니다. 오, 저의 임금님, 저는 세 개의 못 말고는 당신의 몸을 지탱할 수 없는 그 커다란 형틀에 매달려 계신 당신을 바라봅니다. 그 못들만이 당신의 거룩한 몸을 받쳐 주고 있습니다. 당신께는 그 형틀 외에 의지할 곳이 아무것도 없습니다. 당신께서 온몸의 무게를 두 발에 두어야 하는 때에 못에 박혀 있는 두 발의 상처만 잔혹하고 고통스럽게 더해갑니다. 손으로 그 고통을 버티려 하면 또한 못 박힌 두 손의 상처만 더욱더 깊어집니다. 극도의 고통을 견뎌 내야 하는 당신의 거룩한 머리를 받쳐 주는 것이 가시관이라니요! 오, 지극히 평온하신 동정 마리아님, 당신의 두 팔이 이 거룩한 구원의 임무를 수행하기를 얼마나 간절히 바라셨겠습니까마는, 지금 여기에서는 당신의 팔이 아닌 오직 십자 나무의 두 팔만이 그렇게 할 수 있습니다. 마침내는 이 거룩한 머리가 당신의 두 팔에 더 깊이 안기는 위로를 받겠지만, 지금은 가시관의 가시만 주님의 두개골 속으로 파고들어 갑니다.

어머니께서 그곳에 계신 것이 아드님의 슬픔만 더 크게 만든다. 그분의 가슴은 안쪽으로 찢어지는데 이것은 그분의 거룩한 몸에 난 상처에 버금갈 만큼 고통스러운 것이다. 오, 선하신 예수님, 오늘 당신께는 참으로 두 개의 십자가가 있습니다. 하나는 당신 몸을 위한 십자가요, 다른 하나는 당신 영혼을 위한 십자가입니다. 하나는 외적인 수난이고, 다른 하나는 동정심으로 인한 내적인 수난입니다. 하나는 당신의 몸을 못으로 뚫는 고통이고, 다른 하나는 슬픔의 못이 당신의 영혼을 뚫는 고통입니다. 오, 선하신 예수님, 당신께서 십자가에 달려계신 당신께 그리도 가까이 다가와 있는 이 지극히 거룩한 어머니의 영혼이 겪는 괴로움을 어떻게 느끼셨는지를 누가 헤아릴 수 있겠습니까? 당신께서 슬픔의 창으로 뼛속까지 찔리는 고통을 당하는 이 거룩한 영혼을 바라보셨을 때, 당신께서 피눈물을 흘리며 죽음의 고통에 일그러진 당신의 그 거룩한 얼굴과 죽음이 임박한 당신 영혼의 괴로움을 응시하는 어머니의 눈을 보시고 그 순수한 눈에서 쏟아져 내리는 눈물을 보셨을 때, 또 극심한 슬픔에 짓눌린 성모님의 성심에서 흘러나오는 고통의 신음 소리를 들으셨을 때 당신께서 느끼셨을 그 괴로움을 누가 알겠습니까?

이제 그대는 십자가상의 주님께서 발설하신 일곱 말씀을 성찰하게 될 것이다. 이 말씀 중 첫 번째는 "아버지, 저들을 용서해 주십시오. 저들은 자기들이 무슨 일을 하는지 모릅니다"(루카 23,34)이다. 두 번째 말씀은 강도에게 하신 말씀이다. "내가 진실로 너에게 말한다. 너는 오늘 나와 함께 낙원에 있을 것이다"(루카 23,43). 세 번째는 당신께서 가장 사랑하시는 어머니께 하신 말씀이다. "여인이시여, 이 사람이 어머니의 아들입니다"(요한 19,26). 네 번째는 "목마르다"(요한 19,28)이다. 다섯 번째는 "저의 하느님, 저의 하느님, 어찌하여 저를 버리셨습니까?"(마태 27,26)이다. 여섯 번째는 "다 이루어졌다"(요한 19,30)이다. 그리고 일곱 번째 말씀은 "아버지, '제 영을 아버지 손에 맡깁니다'"(루카 23,46)이다.

나의 영혼이여, 그분께서 어떠한 사랑의 마음으로 이 말씀들을 하시면서 당신의 원수들을 아버지께 맡겨드렸는지를 숙고해 보라. 어떠한 자비로 당신을 알아본 강도를 낙원으로 받아들이셨는지, 얼마나 큰 사랑으로 당신의 어머니를 사랑하시는 제자에게 맡겨드렸는지, 죽음에 이르는 목마름을 겪으셨다면 어느 정도의 열성으로 인류구원에 대한 당신의 열망을 드러내셨는지, 얼마나 슬픈 어조로 엄위하신 성부께 기도하시고 당신의 비통함을 표현하셨는지, 어떻게 끝까지 성부께 당신 자신을 가장 완전하게 내어 맡겨드렸는지, 그리고 마지막으로 어떻게 당신의 영혼을 성부께 맡겨드리셨고 그분의 가장 거룩한 보호에 완전히 내어 드렸는지.

 분명히 각각의 말씀에는 덕을 가르쳐 주는 교훈이 들어 있다. 첫 번째 말씀은 우리 원수에 대한 사랑을 권고한다. 두 번째는 죄인들에 대한 자비를, 세 번째는 우리 부모님에 대한 효도를, 네 번째는 우리 이웃의 구원에 대한 갈망을, 다섯 번째는 시련의 순간과 하느님으로부터 내쳐지는 순간에도 기도하고자 하는 열망을, 여섯 번째는 순종과 인내의 덕을, 일곱 번째는 우리에게 온전한 완덕을 이루어 주시는 하느님의 섭리에 우리 자신을 완전히 내어 드림을 가르친다.

토요일

창에 찔리심과 십자가에서 내려지심, 성모님의 슬픔과 묻히심

오늘은 우리 구세주의 창에 찔리심과 십자가에서 내려지심, 성모님의 눈물, 그리고 무덤에 묻히심을 성찰해 보라.

우리 구세주께서 십자가상에서 어떻게 숨을 거두셨는지, 그리고 당신의 잔혹한 원수들의 원의인 당신의 죽음을 어떻게 다 이루셨는지를 숙고해 보라. 그러나 사실은 그 모든 것에도 불구하고 그들의 분노의 불길은 꺼지지 않는다. 그들은 자신들의 분노를 주님의 거룩한 겉옷에다 퍼붓는다. 그들은 겉옷을 나눠 갖기 위해 제비를 뽑고 창으로 그분의 옆구리를 잔혹하게 찌른다. 오, 이 야만스러운 종들이여! 피도 눈물도 없는 심장들이여! 살아 있는 몸에 가하는 고통으로는 족하지 않아 그분의 죽음을 그냥 지켜보지 못했는가? 그 분노와 적의가 어떠한 것이기에 자기 눈앞에서의 죽음으로도 만족할 수 없었단 말인가? 너희들의 그 잔인한 눈을 들어 이 핏기 없는 몰골을 보아라. 초점을 잃은 눈, 퍼렇게 변해버린 얼굴, 이 죽음의 쓰라린 괴로움을 보라. 이런 모습에도 눈 하나

깜짝하지 않다니, 너희들은 무쇠나 다이아몬드보다 더 단단한 가슴을 지녔는가?

　이제 병사 하나가 창을 손에 들고 그분께 다가가 있는 힘껏 구세주의 심장 쪽에 창을 꽂는다. 십자가가 허공에 흔들릴 만큼 세게 그분의 심장에 창이 꽂히고, 그분의 옆구리에서 세상의 죄를 씻기 위한 피와 물이 흘러나온다. 오, 낙원으로부터 흘러나와 넘치는 물줄기로 온 땅을 적시는 강물이여! 창의 날 끝에 의해서가 아닌 그분의 인간에 대한 사랑에 의해 생겨난 오, 거룩한 옆구리의 상처여! 오, 하늘나라의 문, 낙원으로 들어서는 진입로, 피난처, 견고한 성곽, 의인의 안식처, 순례자의 마지막 보호처, 길 잃은 비둘기의 둥지, 솔로몬의 정배를 위한 꽃 장식 침대여! 오, 고귀한 옆구리에 난 상처여, 신심 깊은 이들의 심장을 찢고, 의로운 이들의 영혼을 꿰뚫는구나. 그대는 표현할 수 없는 아름다움의 장미요, 값을 매길 수 없는 루비, 그리스도의 심장으로 들어서는 문, 그분 사랑의 증거자, 영원한 생명의 보증이로다.

　이제 오늘의 묵상을 마치면서 이곳에 다다른 거룩한 두 사람, 요셉과 니코데모에 대해서 생각해 보라. 그들은 십자가에 사다리를 놓고 올라가 구세주를 팔로 안아 내렸다. 동정 마리아는 이 수난의 고통이 끝나 이 거룩한 육신이 땅에 내려지는 것을 보고는 십자 나무의 두 팔로부터 그분의 몸을 안전한 당신의 팔로 받아 안으신다. 동정녀께서는 크나큰 겸손으로 이 고귀한 사람들 둘에게 애원한다. 그분께서 십자가상에서 돌아가실 때 그분께 마지막 작별 인사를 하지 못하고 또 그분을 품에 안기지 못했으므로 이제 그분께 다가갈 수 있게 해 달라고 부탁하는 것이다. 동정녀께서는 당신의 황량한 슬픔이 더 커지지 않게, 비록 그분의 원수들이 살아 계신 그분을 당신께 내어 주지 않았을지라도, 그분의 친구들이라도 그분의 주검만은 내어 달라고 부탁하는 것이다. 그런 다음 동정녀께서는 당신 팔에 그분을 안는다. 어떤 말로 성모님의 느낌을 다 표현할 수 있을까? 오, 평화의 천사들이여, 이 거룩한 동정녀와 함께 울어 주시오. 하늘이여, 울어라, 하늘의 별들이여, 울어라. 이 땅의 모든 피조물이여, 울어라. 동정 마리아의 애통함에 함께 하여라. 어머니께서는 그 무참하게 상처 난 몸을 당신 가슴 가까이에 안으신다. ― 그분은 오직 아드님을 안을 힘만 남아 있다. ― 그러고는 당신의 머리를 예수님 눈썹까지 내려와 있는 가시관 쪽에 갖다 댄다. 온몸을 예수님의 몸에 댄 지극히 거룩하신 성모님의 몸은 아드님의 피로 얼룩이 되고, 아드님의 눈에는 어머니의 눈물이 고인다. 오, 온유하신 어머니, 이분이 정말로 당신의 지극히 사랑하는 아들인가요? 이분이 당신께서 큰 영광으로 잉태하시고 큰 기쁨으로 낳으신 주님이신가요? 과거의 기쁨은 어디에 있나요? 지난날 당신이 누리던 기쁨은 어디에 있나요? 이분이 바로 당신이 응시하던 아름다움의 거울인가요?

주변 모든 이들이 울고 있다. 거룩한 여인들이 눈물을 흘리고 있고, 그 신분 높은 남자들도 울고 있다. 하늘과 땅이 울고 있고, 모든 피조물이 동정녀와 더불어 울고 있다. 거룩한 복음서 저자도 울며 자신의 스승을 끌어안고 이렇게 말한다. "오, 선하신 스승님, 오, 나의 주님, 이제부터 누가 저를 인도하겠나이까? 제가 저의 의구심을 누구 앞에 던지겠습니까? 누구의 가슴에 제가 기대겠습니까? 누가 저와 함께 하늘나라의 비밀을 나누겠습니까? 도대체 이 무슨 충격적인 변화인가요? 어젯밤 당신께서는 당신의 성심으로 저를 품어주시면서 저에게 생명의 기쁨을 주셨습니다. 그리고 이제는 제 팔에 생명력 없는 당신을 안는 것으로 고작 이 위대한 선물에 보답하고 있습니다. 이 얼굴이 타볼 산에서 변모하여 빛을 낼 때 제가 바라보던 얼굴인가요? 이분이 한낮의 태양보다 더 밝게 빛나던 그분이신가요?"

한때 죄인이었던 거룩한 여인도 구세주의 발을 끌어안고 울며 외친다. "오, 제 눈의 빛이여, 당신이 보시는 대로 저는 죄로 허덕이는 제 영혼의 치유자시여, 누가 저를 받아 주겠나이까? 누가 저의 상처를 치유해 주겠나이까? 누가 제게 대답해 주겠나이까? 누가 바리사이들로부터 저를 지켜 주겠나이까? 오, 지금의 이 발은 저를 맞아 주셨기에 제가 허리를 굽혀 씻어드리던 그 발과 얼마나 다른가요! 오, 제 온 마음으로 사랑하는 분이시여, 제가 당신과 함께 죽을 거라고 제게 누가 말해 주겠나이까? 오, 제 영혼의 생명이시여, 지금 제가 살아서 돌아가신 당신을 붙잡고 있으니 제가 당신을 사랑한다고 어떻게 말할 수 있겠습니까?"

이렇게 이 모든 거룩한 이들이 자신들의 눈물로 그분의 거룩한 몸을 씻으며 울고 애통해하였다. 무덤에 시신을 묻을 시간이 다가오자, 그들은 하얀 천으로 이 거룩한 몸을 싸매고 머리는 아마포로 감싼 후 시신을 들것에 누여 무덤으로 향했다. 그리고 그들은 이 소중한 보물을 그곳에 누였다. 무덤은 돌로 막혀 있었고, 어머님의 마음은 슬픔의 어두운 구름으로 막혀 있었다. 거기에서 두 번째로 성모님은 아들과 작별 인사를 하고, 다시 한 번 크나큰 외로움에 빠지신다. 거기서 성모님은 당신의 모든 선으로 자리하고 계시던 당신 아드님을 잃는 슬픔에 빠지신다. 당신의 보물이 있는 곳에 당신의 가슴도 묻으신다.

일요일

고성소로 내려가심과 주님의 발현하심, 그리고 승천하심

오늘 그대는 우리 주님께서 고성소에 내려가심과 성모님과 거룩한 막달레나와 제자들에게 나타나심, 그리고 마지막으로 그분의 영광스러운 승천을 숙고하게 될 것이다.

첫 번째 주제인 [고성소에 내려가심]에 대해서는, 고성소에 있는 거룩한 성조들이 자신들 가운데 해방자께서 오심을 얼마나 기뻐하는지, 그리고 그들이 그렇게도 바라고 고대하던 구원을 가져다 주신 데 대해 어떻게 감사드리고 찬양드리는지 숙고해 보라. 동인도 제도의 유배에서 스페인으로 돌아오는 사람들이 스페인으로 돌아오는 동안 그들이 기대하고 느꼈던 기쁨으로 인해 참 좋았던 그 여정 동안의 시간을 우리에게 말해 준다. 1년이나 2년 동안의 유배 이후에 하게 된 그런 여정 같은 것에서 기쁨이 있었다면, 2천 년에서 3천 년간의 유배 이후에 그 엄청난 구원이 이루어져, 살아 있는 이들의 항구에 이르게 되는 날이 오는 기쁨은 오죽하겠는가?

그리고 또한 지극히 거룩한 동정녀께서 부활하신 당신 아드님의 방문을 받으신 날 체험하셨던 그 기쁨도 생각해 보라. 분명히도 그분의 수난으로 인한 슬픔이 극도로 깊었던 만큼 그분 부활의 기쁨 또한 지극히 충분하게 맛보았을 것이다. 성조들 모두와 더불어 부활하여 영광스럽게 살아 계신 당신 아드님을 눈으로 보았을 때 동정녀께서 가지셨던 느낌은 어떠했을까? 성모님은 어떻게 하실까? 성모님은 무슨 말씀을 하실까? 성모님은 그분을 끌어안고 입을 맞추며 그 사랑 가득한 눈에서 기쁨의 눈물을 흘리시는 모습을 바라보라. 오, 이런 은총이 성모님에게 허락된다면 그분과 함께 부활하고자 하는 열망도 허락될 것이다!

이제 다른 거룩한 마리아들의 기쁨도 생각해 보자. 그리고 특별히 무덤가에서 울면서 지극히 사랑하는 분을 기다리며 서 있던 마리아의 기쁨을 보자. 마리아는 필시 그분의 발 앞에 엎디어 자신이 그토록 그리워하며 찾았던 주님, 즉 지금 살아 계시고 부활하신 주님과 이야기를 나눌 것이다. 주님께서는 어머니께 당신을 나타내신 후 처음으로 당신을 드러내신 이가 바로 이 마리아라는 것을 생각해 보라. 왜냐하면 마리아는 다른 누구보다도 더 주님을 사랑했고 더욱 애절한 마음으로 그분을 찾았으며 더 많은 눈물을 흘린 사람이기 때문이다. 그리고 그대가 마리아처럼 눈물을 흘리며 애절히 그분을 찾는다면 그대 역시도 분명히 하느님과 이야기를 나눌 것임을 생각하라.

주님께서는 어찌 엠마오로 가고 있는 제자들에게 순례자의 모습으로 나타나셨는지를 숙고해 보라. 그분은 어떠한 애정으로 그들과 함께 걷고 계신지, 어떤 친밀한 마음을 품으시고 그들의 여정에 함께 하고 계신지, 얼마나 온유하게 당신의 정체성을 숨기고 계시는지, 그리고 어떤 사랑을 지니시고 그들에게 당신을 드러내시고 그들의 입술에 꿀처럼 달콤한 여운을 남기시는지를 생각해 보라. 그러고 나서 주님과 그대와의 대화가 마치 이와 같음을 묵상하라. 그들이 했던 것처럼 연민 가득한 슬픔을 갖고 그리스도의 고통과 괴로움에 대해서 말씀드려라. 그대가 그대 내면에 늘 그분에 대한 기억을 품는다면 동반해 주시는 그분의 현존은 그대를 절대 실망시키지 않을 것이다.

승천의 신비와 관련해서는, 우리 주님께서 어찌 40일 동안이나 하늘나라에 오르시는 시간을 뒤로 미루셨는지를 묵상하라. 이 시간 동안 그분께서는 제자들에게 종종 나타나셔서 그들과 대화를 나누시고 하느님 나라에 대해서 그들에게 가르치셨다. 이처럼 그분은 그들이 그분과 더불어 영으로 승천할 차비를 갖추기 전까지 그들에게서 떠나 승천하지 않으셨다. 이 사실은 그리스도께서 우리와 더불어 실질적으로 현존하시는 모습이 어떠한지를 보여 준다. 즉, 그분께 온 마음을 둘 때 갖게 되는 위로의 느낌이 바로 그것이다. 그런데 종종 영적으로 높이 솟아올라 있음으로써 위험 으로부터 더 안전하게 피해 있는 이들에게는 그리스도께서 당신 현존을 거두신다. 바로 여기서 놀랍게도 하느님 섭리와 여러 다른 시대들에서의 당신 사람들을 대하시는 그분의 방식이 분명히 드 러난다. 그분은 은혜를 베푸시면서 약한 이들을 달래시지만, 강한 이들은 시험하신다. 작은 이들에게 젖이 필요하지만, 성장한 이들 은 젖을 떼야 한다. 그분은 각 사람의 영적 여정의 정도에 따라 다 루시며 어떤 이들은 위로하시고 어떤 이들은 그들의 영적인 상태 를 입증해 주신다. 결과적으로 믿음과 열정으로 기쁨을 갖게 된 이는 자만하지 말아야 하고, 적막감의 상태에 있는 이라도 용기를 잃지 말아야 한다. 왜냐하면 이것이 종종 그 사람이 힘을 지니고 있다는 표시이기 때문이다.

    당신 제자들이 함께 있으면서 당신을 바라보고 있는 상황에 서 그분은 하늘로 오르신다. 이렇게 해서 그들이 이 신비의 증인 이 되게 하려는 것이고, 경험을 통해 하느님의 놀라운 일을 아는 이보다 그 놀라운 일을 더 훌륭하게 증거할 사람이 없다는 것을 알려 주시는 것이다. 그대가 하느님께서 얼마나 선하신지를 참으로 알고 싶고, 그분께서 당신의 사람들에게 어찌나 은혜로우시고 온화하신지, 그리고 그분 은총과 그분 사랑, 그분 섭리, 그리고 그분 위로가 어떠한 덕인지를 참으로 알고 싶다면, 그러한 체험을 한 이들에게 물어 보라. 그러면 그들이 매우 확신 있는 증거를 보여 줄 것이다.[7]

구세주께서 당신의 제자들이 당신의 승천을 목격하기를 바라신 것은 또한 그들이 이런 이별과 그분 부재를 통해 외로움을 깨닫고 체험하는 것이 바로 그분 은총을 받는 데 있어 가장 훌륭한 준비이며 그렇게 그들의 눈과 영으로써 그분을 따르라고 그들을 가르치시기 위함이었다. 엘리사가 엘리야에게 스승의 영을 청했을 때 이 훌륭한 스승은 이렇게 대답했다. "너는 어려운 청을 하는구나. 주님께서 나를 데려가시는 것을 네가 보면 그대로 되겠지만, 보지 못하면 그렇게 되지 않을 것이다"(2열왕 2,4). 그리스도의 영은 자신들의 사랑으로 그리스도와의 이별을 느끼게 될 이들과 그분의 부재로 인해 고통을 받게 될 이들, 그리고 이 지상의 유배 내내 온갖 힘을 다하여 영원히 그분의 현존을 찾아 헤매는 이들

---

7 성녀 테레사가 성 베드로의 권고와 조언을 청했을 때의 경우가 바로 이런 경우이다. 성녀 자신이 쓴 『생애』 Ch. xxx를 보라.

에게 상속될 것이다. 이런 것이 바로 그 거룩한 사람이 가졌던 느낌이다. 그는 다음과 같이 말한다. "당신은 저의 조언자셨지만, 저에게 한 번도 작별을 고하지 않으셨습니다. 당신은 지금까지 내내 당신의 사람들을 축복해 주셨지만, 저에게는 한 번도 축복해 주시지 않았습니다. 천사들이 당신께서 다시 오실 거라 예언해 주었지만, 저는 아무것도 들은 것이 없습니다."

지극히 거룩하신 동정녀와 사랑하는 제자들, 마리아 막달레나와 모든 사도가 자신들의 시야에서 그들의 마음을 사로잡으셨던 분이 사라지시는 장면을 보면서 가졌던 그들의 외로움과 슬픔, 애통함, 그리고 그들이 눈물을 흘린 심경은 어떠했을까? 하지만 상황은 완전히 다르다. 그들은 기쁨 가운데 예루살렘으로 돌아갔다고 한다. 왜냐하면 그들은 그분을 많이 사랑했고, 분명히도, 비록 이별을 겪기는 했지만, 다른 한 편으로 그분의 영광을 맛보았던 것 역시 그 사랑으로 인한 것이었기 때문이다. 참다운 사랑은 사랑 자체를 추구하지 않고, 오히려 그 사랑의 대상을 추구하기 때문이다.

이 고귀하신 승리자께서 어떤 영광과 기쁨 그리고 찬미의 송가 가운데 그분의 천상 도시로 드셨는지, 그리고 그분을 맞이한 천상의 축제는 어떠했는지를 계속 묵상해 보라. 성인들과 천사들이 하나가 되어 이 고귀한 도시를 향해 나아가고, 다시 한 번 그토록 오랫동안 황폐했던 곳이 사람들로 가득 차기 시작한다. 그리스도께서는 당신의 지극히 거룩하신 인간성 안에서 그 모든 이들보다 앞장서 나아가시어 성부 오른편에 마련된 자리에 앉으신다. 여기서 더 숙고할 것이 얼마나 더 있겠는가. 우리는 하느님 사랑 때문에 노고를 아끼지 않는 이들이 어떻게 받아들여지고, 당신 자신을 낮추시어 다른 누구보다 더 고통을 받으신 주님께서 어떻게 영광을 받으시며 모든 이들보다 더 높이 들어 높여지시는지를 본다. 이처럼 참된 영광에 매료된 이들은 그곳에 다다르기 위해 택해야 할 길을 잘 안다. 그것은 바로 올라가기 위해 내려가는 길이고 다른 이들 위에 들어 높여지기 위해 모든 이들 밑으로 내려가는 길이다.[8]

---

8 『성 이냐시오의 영신수련』, 네 번째 주, 첫 번째 관상을 보라.

5장

…………………………………………………………………
기도의 수양으로 들어서게 해 주는 여섯 단계

그런 다음, 그리스도인 독자여, 한 주간을 단위로 하여 하루하루 그대를 수련시켜 주는 묵상들이 여기에 있다. 이렇게 해서 성찰의 주제가 절대 부족하지 않을 것이다. 하지만 묵상 앞뒤에 묵상 주제와 관련한 적절한 수련이 있다는 것을 꼭 염두에 두어야 한다.

첫 번째로, 묵상을 시작하기 전에 이 거룩한 수련을 위해 마음의 준비를 하는 것이 꼭 필요하다. 이는 마치 기타를 연주하기 전에 음을 맞추는 것과 같다.

준비를 마치면 주간 각각의 요일에 맞게 배정된, 그날 묵상을 위한 주제 독서가 따른다. 이는 분명히 초보자에게 필수적이며, 그가 묵상 주제에 익숙해지기 전까지 해야 하는 일이다.

묵상 뒤에 우리는 우리가 받은 은혜에 대해 믿음 깊은 마음으로 감사를 드리고, 그 은혜에 대한 보답으로 우리의 온 삶과 우리 구세주 그리스도의 삶을 봉헌할 수 있다.

마지막으로, 청원 기도가 이어진다. 이를 우리는 단순히 기도라고 부른다. 우리는 이 청원 기도를 통해 우리가 필요한 바와 우리의 구원, 그리고 우리 이웃과 온 교회의 필요와 구원을 청원한다.

이 여섯 가지 행위는[9] 기도에 꼭 들어가야 할 기본적인 것들이다. 한 사람이 이 수련을 해나가는 데 있어 이 여섯 가지 행위들이 가져다 주는 좋은 것들 가운데 중요한 것은 묵상하는 이가 이 행위들을 통해 풍요로운 주제들을 얻게 되고, 다양한 자양분을 얻게 된다는 것이다. 그래서 그가 하나의 행위를 제대로 해내지 못한다 해도 다른 행위로 옮겨 갈 수 있고, 행여 묵상의 실마리를 놓치게 되더라도 묵상을 이어줄 다른 것을 찾을 수 있게 된다.

나는 이 모든 행위가 꼭 주어진 순서에 따르지 않아도 된다는 것을 잘 알지만, 그래도 초보자는 여전히 기도를 시작하는 사람으로서 정확한 순서와 정해진 전체적인 윤곽을 따르는 것이 좋다. 다시 말하지만, 지금까지 내가 말한 모든 것 안에서 나는 어떤

---

[9] 즉, 준비, 독서, 묵상, 감사, 봉헌, 청원. 우리에게 가장 단순하고 익숙한 묵념기도의 전체적인 윤곽은 이 여섯 단계를 세 부분으로 묶는다. 1) 준비, 2) 논변적 부분이라고 하는데, 여기에는 묵상 주제에 대한 독서나 생각 등이 포함된다. 3) 정감들, 성 베드로는 이것을 세 가지로 열거한다.

변치 않은 규칙이나 전반적인 법칙을 제시하려고 한 것이 아니다. 내 의도는 법제화가 아니라 새롭게 이 길을 걷고자 하는 이들에게 기도의 길을 소개하는 것이기 때문이다. 초보자들이 일단 이 기도의 길에 들어서게 되면, 이 기도 방법을 통해 무엇보다도 성령께서 나머지 부분을 다 이끌어 가시게 된다는 것을 경험할 것이다.

6장

기도 전에 필요한 준비

　이 시점에서 가장 먼저 해야 할 준비단계를 보고 기도를 시작하기 위해 위에서 언급한 행위들을 하나하나 다루는 것이 유용할 것이다.
　그대가 기도하려고 하는 장소에 와서는 달리 자세를 취할 방도가 없다면 무릎을 꿇거나 설 수도 있고, 십자가 형태로 팔을 모아 가슴에 댈 수도 있으며, 엎드릴 수도 있고, 편하게 앉을 수도 있다. 그런 다음 십자성호를 긋고 생각을 통제하면서 일상 삶의 일들을 생각에서 제외하여 그대의 영혼을 들어 올린 후 우리 주님께서 그대를 어떻게 바라보고 계신지를 깊이 생각하라. 이렇게 주의를 기울이는 상태에서 그대가 그 자리에 실제로 현존하시는 그분을 바라보듯 존경심을 가지라. 만일 아침 묵상이라면 전반적인 통회의 행위를 하면서, 고백의 기도를 바쳐라. 만일 저녁이라면 그대의 모든 생각과 말과 행위에 대한 양심 성찰을 하고, 주님을 그대의 생각과 말과 행위에서 빠트리거나 잊지는 않았는지를 성찰하라. 그날과 그대 삶 전체의 과오에 대해 슬퍼하면서 현존하시는 하느님의 엄위 앞에 서서 그대 자신을 낮추라. 그리고 거룩한 성조가 알려 준 다음의 말씀을 올려드리라. "저는 비록 먼지와 재에 지나지 않는 몸이지만, 주님께 감히 아룁니다"(창세 18,27). 그런 다음 이 시편을 외라(시편 122,1-3).

> "하늘에 좌정하신 분이시여 당신께 저의 눈을 듭니다. 보소서, 종들의 눈이 제 상전의 손을 향하듯 몸종의 눈이 제 여주인의 손을 향하듯 그렇게 저희의 눈이 주 저희 하느님을 우러릅니다, 저희에게 자비를 베푸실 때까지. 자비를 베푸소서, 주님, 저희에게 자비를 베푸소서.
> 영광이 성부와 성자와…"

덧붙여서 우리가 한 가지 선한 생각에 맞출 수가 없을 때 "우리의 자격은 하느님에게서 온다는 것"(2코린 3,5)을 염두에 두고, 아무도 성령의 도움 없이는 주님의 이름을 부르기에 합당치 않으니, 이렇게 기도하라.

오소서, 지극히 감미로우신 성령님, 하늘로부터 당신 빛을 비추어주소서. 가난한 이들의 아버지, 선물을 나눠주시는 분. 오소서, 마음에 빛을 비추어주시는 분. 오소서, 최고의 조언자, 영혼의 온유하신 손님, 제 영혼에 오시어 쉬소서. 당신께서는 고역의 때에 휴식이시고, 무더위에 시원한 바람이시며, 슬픔 중의 위로이시옵니다. 오, 지극히 복되신 빛이시여, 믿는 이들의 마음을 채우소서.

V. 주님, 당신의 숨을 내보내시면 그들은 창조되고,
R. 당신께서는 땅의 얼굴을 새롭게 하시나이다(시편 104,30).

오, 성령의 빛으로 믿는 이들의 마음을 가르치시는 하느님, 저희가 같은 성령 안에서 늘 현명하고 그 위로 안에서 늘 즐기게 하소서. 우리 주 그리스도를 통하여 비나이다.

이 기도들은 우리 주님께 주의를 기울이며 신심 깊은 마음으로, 내적인 성찰을 하며 이 존엄하신 임금님께 합당한 경외심과 존경심을 갖고 그곳에 머무는 은총을 달라고 청하는 것이다. 또

이 기도의 시간 안에 그런 자세로 임함으로써 쇄신된 힘을 지니고 그분께 대한 봉사를 할 차비를 갖추어 앞으로 나아가기 위한 것이다.[10]

---

10 『성 이냐시오의 영신수련』, 부록, 첫 번째 주, iii과 iv.

7장

독서

　기도 준비가 끝나면 다음은 기도의 주제를 설정해 줄 묵상과 관련한 독서를 하는 것이다. 이 독서는 바쁘게 해서도 안 되고, 대충해서도 안 된다. 오히려 주의를 기울이는 가운데 차분하게 읽은 내용을 잘 이해하기 위해 그저 지성에만 의존하지 않고 무엇보다 그 내용의 맛을 음미하기 위해 의지를 동원하여야 할 것이다. 그리고 감동적인 구절을 발견하면 그 내용을 더 잘 이해하기 위해 잠시 멈추어야 한다. 독서는 아주 길지 않아야 한다. 말하자면 묵상에 더 긴 시간을 할애해야 한다는 것이다. 묵상이 읽은 내용을 좀 더 여유롭게 숙고하는 만큼 그 내용이 그 사람의 영에 신심 깊게 들어가게 하는 데 있어 훨씬 더 유익하기 때문이다.

　하지만 마음이 기도 때문에 너무 산만해진다면 독서에 조금 더 시간을 할애하거나, 독서와 묵상을 혼합하여 할 수 있다. 즉, 한 문장을 읽고 묵상하고, 또 다른 문장으로 넘어가서 그것을 읽고 묵상하는 식으로 계속할 수 있다. 정신이 책에 나오는 말들에 집중하고 있을 때라면 그 정신이 어디에 묶여 있지 않은 자유의 상태에 있다 하더라도 쉽게 이 생각 저 생각으로 떠돌아다니지 않을 수 있다. 그러나 이런 생각들을 무시하고 고군분투하여 기도에 더 집중하려는 노력을 기울이는 것이 더 낫다. 밤새도록 씨름을 했던 옛사람 야곱처럼(창세 32,34 참조). 마침내 이런 싸움은 끝이 나고 승리가 올 것이며, 우리 주님께서 우리에게 신심을 허락하실 것이다. 그리고 어떤 이들은 더 큰 은총을 받기도 할 것이다. 왜냐하면, 그분은 이렇게 충실한 싸움에 함께 하시기를 절대 거부하지 않으시기 때문이다.

8장

묵상

　독서를 한 후, 읽은 내용에 대한 묵상이 따른다. 여기에는 상상력으로 구체화할 수 있는 몇몇 주제들이 있는데, 그리스도의 삶과 수난 장면, 최후 심판, 지옥과 천국 등이 그런 것들이다. 그 외의 주제들은 상상력보다는 이해력을 활용해야 하는 것들이다. 예를 들어, 하느님의 은혜들, 그분의 선과 자비, 혹은 우리가 숙고하기 위해 선택하는 완전하신 하느님께서 주시는 은총들이 그런 것들이다. 이런 종류의 묵상을 지성적 묵상이라 하고, 전자는 상상력에 의한 묵상이라고 한다. 우리는 주제에 따라 요청되는 것을 보고 두 가지 중 한 가지 묵상법을 활용하여 이 영신 수련을 하게 된다.

　상상력에 의한 묵상을 하게 될 때 우리는 상세한 것들을 하나하나 실제로 있거나 실제로 일어나고 있는 사건으로 상상해야 하고, 우리가 지금 있는 곳에서 정말로 일어나고 있다고 생각해야 한다. 이렇게 상황을 형상화함으로써 신비에 대한 우리의 숙고와 이해가 더욱 생생해진다. 이 모든 것이 우리 마음속에서 실제로 일어나고 있다고 상상하는 것이 더욱더 좋다. 만일 도시들이나 왕국들이 우리 마음을 사로잡을 수 있다면 이 신비들을 형상화하는 것은 훨씬 더 쉽게 우리 마음에 다가올 수 있을 것이다. 이 묵상법은 묵상을 통해 우리 영혼을 성찰하고 가다듬는 데 매우 큰 도움이 된다. 이는 마치 꿀벌이 꿀을 모으기 위해 벌집에서 열심히 일하는 것과 같다. 이 신비들을 묵상하기 위해 상상력을 동원해 이 신비들이 있었던 예루살렘으로 가는 것은, 일반적으로 머리 아픈 일이거나 피로를 느끼는 일이다. 결과적으로 아무도 자신이 생각하고 있는 것을 너무 집중적으로 상상하지 말아야 한다. 이런 상상을 너무 억지로 하게 되면 우리의 자연스러운 힘이 그 역할을 할 수 없기 때문이다.

9장

감사

묵상 후에 감사를 드리는 행위가 따른다. 우리는 우리가 깊이 숙고한 신비 안에서 주님께서 우리에게 선사해 주신 은혜에 대해 감사를 드리는 것으로 묵상을 마쳐야 한다. 예를 들어, 묵상 주제가 주님의 수난이었다면 우리는 그토록 크나큰 노고로써 우리를 구원해 주신 우리 주님께 감사를 드려야 한다. 만일 그 주제가 죄였다면 우리가 회개하기까지 오랫동안 기다려주심에 대해 감사해야 하고, 그 주제가 이승의 삶이 지닌 비참함이었다면 우리에게서 그 많은 고통을 덜어주신 데 대해 감사해야 하고, 죽음의 순간에 대한 묵상이었다면 우리를 위험들로부터 구해 주시고 우리가 회개하도록 기다려주신 데 대해 감사해야 하고, 천국의 영광에 대한 묵상이었다면 천국을 그토록 완전하게 만들어주신 데 대해 감사해야 한다. 그리고 그 외의 주제들에 대해서 마찬가지로 하면 된다.

이런 은혜들은 우리가 이미 얘기했던 다른 모든 은혜와 함께 생각해야 한다. 창조와 보존, 구원, 성소 등등. 이처럼 우리 한 사람 한 사람은 주님께서 우리를 당신의 모상 안에서 당신과 비슷하게 만들어 주신 데 대해 감사해야 하고, 기억력을 주시어 우리가 하느님을 기억하게 해 주신 데 대해 감사해야 하고, 이해력을 주시어 우리가 그분을 알도록 해 주신 데 대해 감사해야 하고, 의지력을 주시어 우리가 그분을 사랑하도록 해 주신 데 대해 감사해야 하고, 수호천사를 주시어 수많은 고통과 위험에서 우리를 지켜 주시고, 많은 대죄의 위험과 죄 안에서 죽는 위험에서 지켜 주신 데 대해 감사해야 하고 사실 이 은혜는 영원한 죽음에서 구해 주신 은혜와 같은 것이다. 우리를 위해 우리의 본성을 취하시고 죽으시기까지 하신 데 대해 감사해야 하고, 우리를 그리스도인 부모 밑에서 태어나게 해 주신 데 대해 감사해야 하고, 거룩한 세례의 선물에 대해 감사해야 하고, 이승에서의 은총의 선물과 저세상에서의 영광의 약속에 대해 감사해야 하고, 우리를 당신의 양자로 받아 주심에 대해 감사해야 하고, 우리가 세상과 육 그리고 악마에 대항하여 싸울 수 있도록 무장시켜 주신 견진성사의 은총에 대해 감사해야 하고, 제대 상의 성사(성체성사) 안에서 당신 자신을 우리에게 주심에 대해 감사해야 하고, 참회의 성사(고해성사)를 받을 수 있게 해 주시고, 그로써 대죄로 잃었던 은총을 회복하게 해 주신 데 대해 감사해야 하고, 마지막으로, 과거에 그분께서 우리에게 주셨고 지금도 주시는 많은 좋은 영감에 대해 감사해야 하고, 우리에게 기도하고 열심히 일하며 이미 시작된 선 안에서 인내하도록 도움을 주심에 감사해야 한다. 이 은혜들은 그대가 주님으로부터 받았다고 인정한 다른 모든 은혜들, 즉 일반적인 은혜들과 특별한 은혜들 모두와 더불어 숙고되어야 한다. 드러난 것이든 숨겨진 것이든 이 모든 은혜에 대해 가능한 최대로 감사를 드리고, 이런 일을 하는 데 있어 하늘과 땅의 모든 피조물에게 도움을 청하도록 하라. 그대가 원한다면 다음의 찬가를 바치며 감사를 마무리할 수 있다.

주님의 업적들아, 모두 주님을 찬미하여라.
영원히 그분을 찬송하고 드높이 찬양하여라.
— 다니엘서 3,57 —

혹은 다음의 시편을 바쳐도 된다.

내 영혼아, 주님을 찬미하여라. 내 안의 모든 것들아,

그분의 거룩하신 이름을 찬미하여라.
내 영혼아, 주님을 찬미하여라.
그분께서 해 주신 일 하나도 잊지 마라.
네 모든 잘못을 용서하시고 네 모든 아픔을 낫게 하시는 분.
네 목숨을 구렁에서 구해 내시고 자애와 자비로 관을 씌워 주시는 분.

— 시편 103,1-4 —

10장

봉헌

　주님께 이 모든 은혜에 대해 마음 깊이 감사를 드리게 되면, 예언자 다윗이 다음 말로 표현한 그 느낌이 우리 내면으로부터 올라온다. "나 무엇으로 주님께 갚으리오? 내게 베푸신 그 모든 은혜를"(시편 116,12). 어떤 이는 자신 쪽에서 갖고 있고 드릴 수 있는 모든 것을 하느님께 바쳐드리고자 하는 바람을 가질 수도 있다.

　이를 위해 먼저 자기 자신을 하느님의 종으로서 봉헌해야 한다. 자신을 그분 손에 맡겨드림으로써 이제와 영원히 하느님께서 그에게 바라시는 것은 무엇이나 하실 수 있게 해드리는 것이다. 동시에 자신의 모든 말과 행위와 생각, 노고, 자신이 감수하고 겪어야 할 모든 수고를 바쳐드리도록 하라. 이 모든 것은 하느님의 거룩한 이름의 영광과 영예가 될 것이다.

　두 번째로, 당신 아드님의 공덕과 모든 선한 업적을 아버지께 바쳐드려라. 그분께서 순종 안에서 이 세상에서 구유에서부터 십자가상의 고통에까지 겪으신 모든 고통을 바쳐드려라. 이것이 바로 그분께서 새로운 계약으로 우리에게 남겨 주신 우리의 모든 보물이자 유산이기 때문이다. 이로써 그분은 우리가 이 위대한 부요의 상속자가 되게 해 주셨다. 그분께서 은총으로 나에게 주신 것은 내가 내 노력으로 얻은 것과 똑같이 나의 것이기에 그분께서 나에게 주신 공덕과 권리는 마치 내가 스스로 땀 흘려 일해 얻은 것이나 다름없이 나에게 속해 있다. 그렇기 때문에, 그 사람은 첫 번째 것과 같이 중요한 두 번째 봉헌을 하느님께 해드리면서, 그분께서 하신 모든 봉사와 노동과 그분의 모든 거룩한 덕, 즉 그분의 순종, 그분의 인내, 그분의 겸손, 그분의 충실하심, 그분의 사랑, 그분의 자비, 그리고 그 외의 모든 것을 자신의 것으로 바쳐드릴 수 있다. 이것이 바로 우리가 하느님께 바쳐드릴 수 있는 가장 풍요롭고 가장 고귀한 봉헌이다.[11]

---

11 『성 이냐시오의 영신 수련』중에 나오는 유명한 기도 <Sume et suscipe>를 보라. 이 기도는 네 번째 주, 「사랑을 얻기 위한 관상」편에 나온다.

11장

청원

　그렇게도 풍요로운 봉헌을 드린 후, 우리는 즉각적인 보상을 확신 있게 기대할 수 있다. 그래서 첫 번째로, 온 마음으로 예언자의 다음 기도를 바치면서, 깊은 자애심과 우리 주님께 영예를 드리고자 하는 열망으로 이 세상의 모든 사람과 민족들이 그분을 자신들의 참다운 주님이요 하느님이심을 알고 찬양하게 해 달라고 청하자. "하느님, 민족들이 당신을 찬송하게 하소서. 민족들이 모두 당신을 찬송하게 하소서"(시편 67,4).

　또한 교회의 지도자들 ― 즉 교황과 추기경들과 주교들 ― 을 위해 기도하고, 다른 모든 봉사자들과 장상들을 위해 기도하라. 주님께서 그들을 인도하시고 빛을 비추어 주시어 그들이 모든 사람을 잘 인도함으로써 그 사람들이 자신들의 창조주를 알고 그분께 순종하게 해 달라고 기도하라. 또한, 성 바오로가 권고하듯, 우리는 임금들과 그에 버금가는 직위를 지닌 모든 이들을 위해 기도해야 하는데, 그들의 통찰력을 통해 우리가 고요하고 평화로운 삶을 살 수 있게 해 달라고 기도해야 한다. 이런 기도는 "모든 사람이 구원을 받고 진리를 깨닫게 되기를 원하시는"(1티모 2,4) 우리 주님이요 하느님께 큰 기쁨이 된다.

그분의 신비로운 몸의 지체들 모두를 위해서도 기도하자. 선한 이들을 위해서는 주님께서 그들을 잘 지켜 주시도록, 악인들을 위해서는 그분께서 그들을 회개시켜 주시도록, 죽은 이들을 위해서는 그분께서 자비로이 그들을 모든 고통에서 해방시켜 주시고, 영원한 안식으로 인도해 주시도록 기도하자. 그리고 모든 가난한 이들과 병자들, 그리고 감옥에 갇힌 이들과 포로들을 위해 기도하자. 당신 아드님의 자비를 통해 하느님께서 그들을 도와 주시고 악에서 구해 주시도록 기도하자.

우리 이웃을 위해 기도한 다음, 우리 자신을 위해서도 기도하자. 우리가 자신을 잘 안다면 우리는 각자의 필요에 따라 청을 드려야 할 것이 무엇인지를 분명히 알게 된다. 하지만 모호한 요청이 있어서는 안 된다. 다음의 것들이 우리가 청해야 할 은총들이다.

첫째, 우리 주님의 공덕과 고통을 통해 우리 죄에 대한 통회와 용서를 청하자. 특히 우리가 가장 기울어지기 쉽고 유혹당하기 쉬운 열망들과 악덕에 대항할 수 있는 도움을 청하자. 이때 우리는 천상의 의사께 우리의 상처를 드러냄으로써, 그분 은총의 도유를 통해 그 상처들을 낫게 해 주시고 치유해 달라고 기도해야 한다.

그런 다음, 두 번째로, 모든 그리스도인 완덕 전체가 포함되어 있는 고상하고 고귀한 덕들을 주십사고 청하자. 믿음, 희망, 사랑, 경외심, 겸손, 인내, 순종, 모든 고역에 맞설 용기, 영의 가난, 세상에 대한 경멸, 신중함, 지향의 순수함, 그리고 영적 건물의 정점에 있는 다른 이와 비슷한 다른 모든 덕들을 청하라. 믿음은 그리스도인 삶의 첫째가는 뿌리이고, 희망은 우리 삶의 모든 유혹을 이기는 기둥이요 치료제이고, 사랑은 모든 그리스도인 완덕의 정점이고, 하느님에 대한 경외심은 참된 지혜의 시작이고, 겸손은 모든 덕의 토대이고, 인내는 원수의 공격과 간계를 막아 내는 방패이고, 순종은 사람이 하느님께 자신을 희생 제물로 바쳐드릴 수 있는 가장 적절한 봉헌물이고, 신중함은 모든 길을 밝혀 주고 안내해 주는 눈이고, 용기는 모든 노고를 견디어 내는 힘이고, 지향의 순수함은 우리의 모든 행위를 하느님께 두고 향하게 하는 덕이다.

세 번째로, 그 자체로 가장 중요한 덕은 아니지만, 다음의 덕들을 잘 보존해 주는 역할을 하는 다른 덕들을 주십사고 기도하자. 음식과 음주의 절제, 말하는 데 있어서의 자제, 감각의 관리,

단정하고 차분한 행동거지, 이웃을 향한 선한 표양, 자신에 대한 엄격함과 금욕, 그리고 이외에 이와 비슷한 덕들.

그러고 나서 하느님에 대한 사랑을 청하는 기도로 맺어라. 이 기도에 머물며, 그대의 시간 중 대부분을 여기에 할애하고, 가장 간절한 열망으로 이 덕을 주님께 청하라. 여기에 우리의 모든 선이 들어 있기 때문이다.

그대는 다음과 같이 기도할 수 있다.

하느님 사랑을 청하는 특별한 기도

오, 주님, 이 모든 덕 중에서도 제가 제 온 마음으로, 제 온 영혼으로, 제 온 힘을 다해, 제 전 존재로 당신을 사랑할 수 있는 은총을 주소서. 당신께서는 바로 이것을 저에게 명하시기 때문입니다. 오, 당신께서는 저의 모든 희망이시고, 저의 모든 영광이시며, 저의 유일한 피난처이시고 저의 온전한 기쁨이십니다! 오, 제가 모든 것 위에 가장 사랑하는 감미롭고 다정다감하시며 온갖 꽃으로 장식되신 정배시여! 오, 제 가슴의 감미로움이시고, 제 영혼의 생명이시며, 제 영의 쉼터이시여! 오, 아름답고 밝은 영원한 대낮이시고, 저의 가장 내밀하고 고요한 빛이시며, 향기로운 꽃들이 만발한 제 마음의 낙원이시고, 가장 사랑스럽게 모든 것을 채워 주시는 저의 창조주시여! 오, 저의 하느님, 오 주님, 제 안에 당신을 위한 기쁨의 거처를 마련해 주소서, 마련해 주소서! 그리하여 당신의 거룩한 말씀으로 약속해 주신 대로 당신께서 저에게 오시어 저와 함께 휴식을 취하소서. 제 내면에 있는 당신 보시기에 불쾌한 모든 것을 고쳐 주시고, 저를 당신의 마음을 따르는 이가 되게 하소서. 당신 사랑의 화살로 제 영혼 깊숙한 곳을 꿰뚫으시고, 당신의 완전한 사랑의 포도주로 저를 취하게 하소서. 아! 언제 이렇게 되겠습니까? 언제 제가 모든 것 안에서 당신을 기쁘시게 해드릴 수 있을까요? 언제 제가 제 안에 있는 당신께 달갑지 않은 모든 것에 대해 죽을 수 있을까요? 언제 제가 온전히 당신의 것이 되겠습니까? 언제 제가 제 것이기를 멈추겠습니까? 언제 제 안에 오직 당신만 사시게 되겠습니까? 언제 제가 당신을 지극히 간절히 사랑하겠습니까? 언제 당신 사랑의 불꽃이 저를 온전히 사르겠습니까? 언제 제가 당신의 가장 감미로운 사랑에 의해 온전히 부드러워지고 그 사랑에 심취되겠습니까? 언제 당신께서 이 가련한 거지에게 문을 열어 주시어 당신의 지극히 사랑스러운 왕국으로 맞아들이시겠습니까? 그 왕국은 제 안에 있는 당신 자신이시며 거기에는 당신의 모든 보화가 들어 있나이다. 언제 당신께서는 저를 황홀하게 해 주고 사로잡으시고 움직여 주시고 당신 안에 숨겨주시겠습니까? 이때 저 자신은 아무것도 드러나지 않을 것입니다. ─ 지금 채워져 있는 쇠사슬에서 해방되어 ─ 당신께서 아무것도 당신에게서 저를 떼어놓지 못하도록 언제 저를 당신의 영으로 삼으시렵니까?

오, 제 영혼이 사랑하고, 사랑하고, 또 사랑하는 주님! 오, 제 마음의 아주 달콤한 감미로움이시여! 오, 주님, 제 공로 때문이 아니라 당신의 무한한 은혜로 인해 제 말씀을 들어 주소서. 저를 가르쳐 주시고, 저에게 빛을 비추어 주시며, 모든 일에서 저를 도와 주시어, 제가 당신 눈에 드는 것 이외에 그 어느 것도 행하지도 말하지도 말게 하소서. 오, 저의 하느님, 사랑하는 이, 제 영혼의 가장 깊숙한 내면의 선이시여! 오, 제게 너무도 달콤한 사랑이시여! 극치의 기쁨이시여! 오, 저의 힘이시여, 저를 도와 주소서, 저의 빛이시여, 저를 인도하소서!

오, 제 가슴 깊숙한 곳의 하느님! 당신께서는 왜 이리도 가련한 이에게 당신 자신을 주시나이까? 당신께서는 땅과 하늘을 채우시지만 제 마음은 텅 비어 있나이다. 당신께서는 들의 백합에 옷 입히시고, 자그마한 새들을 먹이시며, 벌레들에게 살아갈 힘을 주시나이다. 당신 때문에 모든 것을 잊은 저를 당신께서는 어찌 잊으실 수 있겠나이까? 늦게서야 당신을 알았나이다, 오 무한한 선이시여! 늦게서야 당신을 사랑하게 되었나이다, 오, 이토록 오랜, 이토록 새로운 아름다움이시여! 제가 당신을 알지 못했다니, 이 얼마나 슬픈 일이었나이까, 당신을 볼 수 없었다니. 제 눈이 얼마나 어두웠나이까! 당신께서는 제 안에 계시는데, 저는 당신을 바깥에서 찾았습니다! 그러나 오랜 시간 후에야 마침내 저는 당신을 찾았으니, 오, 주님, 당신의 자애로운 신성으로 저를 안으시어 제가 다시는 당신을 떠나는 고통을 겪지 않게 하소서.

당신을 가장 기쁘시게 해드리고 당신의 마음을 가장 강렬하게 사로잡는 것 중 하나는 당신을 바라뵈옵는 법을 아는 눈을 가지는 것이오니, 오, 주님, 제가 당신을 관상할 수 있는 눈을 갖게 해 주소서. 그것은 단순한 비둘기의 눈과 같고, 순결하고 단정한 눈이며, 겸허하고 사랑에 찬 눈이고, 신심과 눈물이 가득 찬 눈이며, 당신의 뜻을 알고 행하기 위해 주의를 기울이고 식별하는 눈입니다. 제가 이런 눈으로 당신을 응시하는 동안, 자신의 죄 때문에 울던 베드로를 바라보시던 그런 눈으로 저를 바라봐 주소서. 방종하게 떠났던 아들이 돌아올 때 그에게 나아가 평화의 입맞춤을 하시면서 그를 바라보시던 그런 눈으로 저를 바라봐 주소서. 감히 하늘을 우러러 눈을 들지 못했던 세리를 바라보시던 그런 눈으로 저를 바라봐 주소서. 눈물로 당신의 발을 씻던 막달레나를 바라보시던 그런 눈으로 저를 바라봐 주소서. 그리고 마지막으로 당신께서 다음과 같이 말씀하시면서 아가의 연인을 바라보시던 그 눈으로 저를 바라봐 주소서. "정녕 그대는 아름답구려, 나의 애인이여. 정녕 그대는 아름답구려, 당신의 두 눈은 비둘기라오"(아가 1,15). 이처럼 이런 저의 눈과 제 영혼의 아름다움이 마음에 드셨다면 당신 눈에 늘 아름답게 보일 모든 덕과 은총으로 저를 꾸며 주소서.

오, 지극히 높으시고 지극히 너그러우시고 지극히 다정

하신 삼위일체, 성부와 성자와 성령, 오직 유일한 참 하느님, 오, 나의 주님, 모든 일에서 저를 가르치시고, 인도하시고, 도와 주소서. 오, 전능하신 성부님, 당신의 무한하신 권능으로 제 기억의 중심에 당신만을 두게 해 주시고, 제 기억을 거룩하고 신심 깊은 생각으로 채워 주소서. 오, 지극히 거룩하신 성자님, 당신의 영원한 지혜로써 저의 이해력을 밝혀주시고 존엄하신 진리와 저의 보잘것없음을 늘 인식시켜주소서. 오, 성령님, 성부와 성자의 사랑이신 분, 당신의 비교할 수 없는 은혜로써 저에게 당신의 온전한 뜻을 전해 주시고, 제 안에 어떤 물로도 끌 수 없는 거대한 사랑의 불을 일으켜주소서. 오, 거룩하신 삼위일체, 저의 유일하신 하느님, 저의 전부시여, 아, 제가 천사들처럼 당신을 찬미하고 사랑할 수 있게 되기를 빕니다! 모든 창조된 존재들이 지닌 모든 사랑이 다 저의 것이라면 그 모든 사랑을 온전히 당신께 돌려드리기를 간절히 바라나이다. 그러나 그것조차도 당신께 합당한 사랑이 되지 않을 것입니다. 오직 당신만이 당신을 합당하게 사랑할 수 있으시고 찬미할 수 있으십니다. 오직 당신만이 헤아릴 수 없는 당신의 은혜를 알아볼 수 있기 때문입니다. 그리고 그런 연유로 오직 당신 자신만이 당신에게 걸맞게 사랑이신 당신을 사랑할 수 있고, 당신의 지극히 거룩한 가슴만이 그 사랑의 정도를 담습니다.

오, 마리아님, 마리아님, 마리아님 ― 지극히 거룩하신 동정녀, 하느님의 어머니, 하늘의 여왕, 세상의 여왕, 성령의 성전, 순결의 백합, 인내의 장미, 기쁨의 낙원, 정결의 거울, 결백의 모범 ― 귀양살이하는 이 가련한 순례자를 위해 빌어 주시고, 당신의 지극히 풍성한 자애의 부스러기를 내려 주소서.

오, 창조주에 대한 사랑이 불타오르는 모든 복된 성인들과 천사들, 특히 하늘과 땅을 당신의 사랑으로 불타오르게 하는 세라핌 천사여, 이 가련하고 비참한 마음을 저버리지 마시고, 이사야의 입술처럼 모든 죄로부터 정화시켜 주시고, 당신의 지극히 열정적인 사랑의 불을 일으켜 주시어, 이 마음이 오직 주님만을 사랑하고, 주님만을 찾으며, 오직 주님 안에서 영원 무궁히 쉬게 하소서. 아멘.

12장

이 거룩한 수련과 관련된 특별한 권고들

지금까지 우리가 말한 모든 것은 기도하는 데 있어 원칙 중 한 가지인 생각에 관한 내용을 제공해 주려는 것이다. 사실상, 매우 적은 이들만이 이 점에 충분한 주의를 기울이기에, 결과적으로 이것의 부족으로 인해 이 거룩한 수련이 낭패로 돌아가고 만다.

이제 우리는 기도에 있어 목표로 두어야 할 기도의 방식과 방법을 간략하게 다루고자 한다. 물론 이 작업의 으뜸 스승은 성령이시다. 그럼에도 불구하고, 우리의 경험은 어떤 특별하고 적절한 권고가 필요하다는 것을 분명히 해 준다. 왜냐하면 하느님께로 인도되는 길은 고된 여정이기에, 필수적인 안내가 없다면 우리는 길을 헤맬 것이고 많은 시간을 낭비할 것이기 때문이다.

첫 번째 권고

첫 번째 권고는 이렇다. 위에서 다룬 주제 중 한 가지를 정해진 시간에 미리 마련해 둔 일정에 따라 숙고하려고 할 때, 더 큰 신심(devotion), 더 큰 즐거움, 더 큰 유익이 된다고 여겨지는 다른 주제들로 우리의 생각을 옮겨 가는 것이 전적으로 잘못됐다고 생각하는 고정 관념을 버려야 한다. 우리가 하는 노력의 목적이 안정된 신심을 지니는 것이기에, 이 목적에 더 부합하고 더 도움을 주는 주제라면 그것에 더 열심히 파고들어야 한다. 그렇다고 해서 무턱대고 주제를 바꾸라는 얘기가 아니라, 그렇게 할 때 참으로 유익이 된다는 것이 분명할 때 그렇게 하라는 것이다.

비슷하게, 정해진 시간에 하는 기도나 묵상 때에 다른 때보다도 더 큰 맛과 신심을 경험한다면 이 정감이 지속하는 만큼 길게 이 상태에 머무는 것이 좋다. 그리고 이 성찰의 시간이 모두 이 순간에 할애된다 해도 상관없다. 이미 말한 대로 우리의 목적은 신심이기에 이미 우리가 손에 쥐고 있는 것을 부여잡을 희망을 버리고 다른 곳을 찾아 헤매는 것은 잘못된 시도일 수 있다.

두 번째 권고

두 번째로 해줄 충고는 이렇다. 이 거룩한 수련에 있어 지나치게 사변적인 지성을 사용하는 것을 피해야 한다. 말하자면 지성을 사용하여 이론적으로 분석하고 판단하는 것보다는 의지를 사용하여 마음에 이는 정감과 감성을 잘 살펴보는 노력을 더 기울여야 한다는 것이다. 의심의 여지없이, 묵상을 하면서 마치 설교를 목적으로 하느님의 거룩한 신비들을 연구하는 식의 기도를 하는 이들은 기도의 핵심을 놓치는 것이다. 이런 식의 기도는 거룩한 신비들을 묵상하기보다는 영혼의 근본적인 능력을 분산시켜 버리는 경향이 있기에, 우리를 우리 자신 안으로 들어가도록 해 주지 않고 우리 자신 바깥으로 내모는 경향을 지닌다. 이렇게 될 때 기도는 무의미해지고 우리는 기도하기 전과 같이 모든 잡다한 것에 쉽게 빠져들며 건조하고 신심 없는 상태가 된다. 솔직히 말해서 그런 사람은 기도한 것이 아니라, 그저 문장을 만들고 연구를 한 것이다. 이는 기도와는 참으로 거리가 먼 것이다. 그런 이들이 꼭 염두에 두어야 할 것은 이 수련에서 우리가 해야 하는 것이 듣는 것이지, 말하는 것이 아니라는 것이다.

이 작업을 성공적으로 이루어내기 위해서는 배운 것이 없지만 여전히 겸손하고 선하며 하느님의 일에 집중하고 감지하려는 자세를 갖춘 가슴을 지닌 어떤 가난한 노파의 마음으로 기도에 임해야 한다. 분명한 것은 하느님의 일을 자세히 조사하는 데 집중하는 그런 정신은 기도에 소용이 없다는 것이다. 사실 이런 자세는 알기 위해 학문을 하는 이들의 특징일 뿐이지, 하느님과 더불어 눈물을 흘리기 위해 기도하고 그분에 대해 묵상하는 이의 자세가 아니다.

세 번째 권고

다음 권고는 우리의 이해력을 차분하게 만들어 의지로 기도하는 법을 가르쳐 주는 권고다. 이 권고는 의지 자체의 규칙과 그 한계가 무언지를 정확하게 알려주는 것이다. 이렇게 해서 의지가 여기서 격렬하고 절제 없이 과도하게 사용되지 않게 하려는 것이다. 우리는 우리가 목표로 삼고 있는 신심(devotion)이 단순한 힘, 즉 의지적인 바람에 의해 얻어질 수 있는 것이 아님을 염두에 두어야만 한다. 지나친 노력을 기울이면서 부자연스럽게 꾸며낸 슬픔을 지닌 채 구세주의 수난을 숙고하게 되면, 카시아누스(Cassianus Johannes, 『Collections』, iv, C. 29)가 가르치듯이, 동정심의 눈물은 흘릴지 몰라도, 마음이 더 좁아들 뿐 아니라, 이런 노력은 구세주의 오심을 맞이하기에 어울리지도 않는다.

게다가 이런 식의 행위는 종종 건강에 해롭기까지 하고, 때로는 이 경험을 통해 영혼이 너무도 놀란 나머지, 마치 모든 고통이 이 기도에 있다고 생각하여 이 거룩한 수련을 다시 하는 것을 꺼리게 할 정도의 반응을 일으키기도 한다. 그러므로 기도하는 이는 편안한 마음으로 수난하시는 구세주 곁에 서서 조용하고 단순한 눈길과 부드럽고 동정 어린 마음으로 그분을 응시함으로써 스승께서 그에게 주시려는 정감은 무엇이든 받을 준비를 하고, 또 그분을 위해 함께 수난할 차비를 갖추어야 한다. 그러니 기도하는 이는 자신의 노력으로 어떤 정감을 만들어내려는 노력을 기울이기보다는 오히려 그분의 자비를 통해 그분께서 주실 정감을 받을 준비를 갖추어야 한다. 그리고 이렇게 차분하게 기도한 후에, 아무런 정감이 주어지지 않는다고 해도 낙담하지 말 것이다.

네 번째 권고

지금까지 얘기된 것을 보면서 기도 안에서 우리가 어떤 주의를 기울여야 할지를 결정할 수 있다. 원칙은 우리가 낙담하거나 무기력한 상태에 빠지지 말고, 마음에 생기를 유지하고 지향에 몰두하며 마음을 드높여 늘 하느님을 향하게 할 것이다. 하지만 이렇게 주의를 기울여 성찰의 마음을 유지하는 것이 꼭 필요한 것이라 하더라도 다른 한 편으로 이런 주의를 조금 삼가고 신중하게 함으로써 건강을 해치거나 신심을 방해하지 않게 하는 것도 필요하다. 왜냐하면, 우리가 이미 말했던 대로, 너무 지나치게 생각에 집중하려고 노력하다가 뇌에 손상을 입은 사람들이 더러 있기 때문이다. 그런데 더러는 이런 장애를 피하려고 그저 무기력하고 힘없는 상태로 있는 사람도 있는데, 이런 이들은 바람이 일 때 쉽게 쓸려버리는 경향이 있다. 이런 양극의 상태를 피하기 위해서, 우리는 중도를 추구해야 하는데, 지나친 주의를 기울이지 않아야 하고, 또 우리 정신이 생각의 바람에 이리저리 흔들리는 일이 없도록 너무 경솔하거나 태만하게 있어서도 안 된다. 우리는 말이나 노새를 타고 험한 산을 오르는 이에게 대개 고삐를 단단히 잡으라고 조언을 한다. ─ 달리 말해서, 너무 꽉 잡지도 말고 너무 느슨하게 잡지도 말라는 말이다. 한 편으로는 타고 가는 말이 뒤로 쳐지지 않게 하려는 것이고, 다른 한 편으로는 그 말이 위험하게 너무 앞서가지도 않게 하려는 것이다. 그래서 우리도 기도하는 중에 주의 집중을 적절하게 해야지, 너무 강압적으로나 즉각적으로 하지 말아야 하고 너무 긴장하거나 걱정을 갖고 해서는 안 된다.

    긴장한 가운데 주의를 기울이게 되면 묵상을 시작하면서 벌써 정신이 기진맥진해질 수 있다는 점에 경각심을 가져야 한다. 아주 특별하게 이 점을 염두에 두어라. 왜냐하면, 여정을 떠나는 사람이 첫날부터 너무 빨리 가게 되면 문제가 생기는 것처럼, 기도하는 데 필요한 힘은 기도하는 내내 골고루 들어가야 하기 때문이다.

다섯 번째 권고

　이 모든 권고 중 아주 중요한 것은 이번 권고다. 기도에 전념하는 사람은 자기가 바라는 신심의 감미로움이 즉각적으로 오지 않는다고 해서 이 수련에 대해 실망하거나 쉽게 단념해서는 안 된다는 것이다. 오히려 그는 오랜 시간 괴로움을 인내심 있게 참아내며 주님의 오심을 기다려야 한다. 그분 엄위의 영광과 우리의 미천한 조건, 시작한 이 수련의 큰 의미 등, 이 모든 것이 함께 작용하여 목표를 이루기 때문에, 우리는 주님의 거룩한 궁전 문 앞에 서 있는 초병처럼 인내심을 갖고 기다려야 할 것이다.

　어느 정도의 시간 동안 그렇게 기다린 후에 주님께서 그대에게 오신다면 주님께 감사를 드려라. 그런데 만일 그분이 오시지 않는 것처럼 느껴진다면, 그분 앞에 겸손한 자세로 그대가 그런 은혜를 입기에 부당함을 인정하고 그 은혜가 그대에게 주어지지 않는다고 해도 그런 희생을 그대가 드릴 수 있었음에 만족하고, 그대의 의지를 내려놓을 수 있었음과 그대의 본능적인 경향을 십자가에 못 박을 수 있었음에 만족하며, 악마와 그대 자신에 대항하여 전투를 벌일 수 있었음에 대해, 그리고 마지막으로 그대가 할 수 있는 것을 해냈음에 대해 만족하라. 그대가 그대의 바람만큼 열정적 신심으로 주님을 경배하지 못했다면, 영과 진리 안에서 그분을 경배한 것으로 충분하다. 사실 그 경배를 가능하게 해 주시는 분도 그분이시기 때문이다. 분명히 말하지만, 이 지점이 이 기도 여정에 있어 가장 위험스러운 순간이고, 신심이 있다고 하는 이의 신심이 참으로 증명되는 지점이라는 사실을 믿어라. 이 지점을 잘 통과한다면 나머지 부분은 성공적으로 이루어질 것이다.

　마지막으로, 이 수련을 계속하는 것이 정말로 시간만 낭비하는 것이고 아무런 목적도 없이 골치만 아픈 일이라고 생각한다면, 전혀 해로운 것이 없으니 그대가 할 수 있는 모든 것을 한 후에 어떤 좋은 책을 선택해서 읽음으로써 기도를 대신할 수도 있다. 그러나 그러한 독서가 너무 급하거나 신속하게 이루어져서는 안 된다. 오히려 편안하고 감사하는 마음으로 할 수 있는 한 자주 기도와 독서를 병행하여야 한다. 이 방법은 정말로 배우지 못했고 경험이 없는 사람에게마저도 매우 유익하며, 모든 이에게 가능한 기도 방법이다.

여섯 번째 권고

　이 권고는 앞선 권고에 상응하는 것으로서, 같은 정도로 중요하게 여겨야 한다. 이 권고는 다음과 같다. 하느님의 종은 기도 중에 자신이 경험할 수 있는 자그만 즐거움에 관해서도 만족하지 말아야 한다. 어떤 이들은 눈을 쥐어짜는 눈물을 찔끔 흘리거나 마음의 자그만 불이 타오르는 것을 느끼고 나서 자기들이 이 수련을 완수했다고 자만하기도 한다. 이렇게 해서 우리가 바라는 목적이 이루어지는 것이 아니다. 길바닥에 물을 약간만 뿌려서 먼지가 날리지 않게 하고 겉만 조금 적시는 것은 땅을 충분히 적시는 데 큰 소용이 안 되는 것과 같다. 반면에 물을 충분히 뿌려 주는 것은 땅속 깊이 비옥한 수분이 스며들게 해 준다. 이처럼 우리가 선한 열매를 맺고자 한다면 하늘로부터 내려오는 이슬과 물이 충분히 필요하다. 그러므로 할 수 있는 한 길게 이 거룩한 수련에 임하는 것을 권하며, 짧게 두 번 수련하는 것보다 어느 정도 길게 한 번 하는 것이 더 낫다는 것을 강조한다. 시간을 짧게 가지게 되면 그 짧은 시간을 그저 상상을 절제하고 마음을 가라앉히는 데 시간을 다 보내게 되며, 기도를 시작해야 하는 순간에 벌써 기도를 마치기 때문에 성공적인 결과를 얻어 낸다는 것은 어렵다. 좀 더 구체적으로 기도 시간의 길이를 정함에 대해 말하자면, 나는 한 시간 반이나 두 시간 이하의 시간은 기도하기에 짧게 느껴진다.[12]

---

12 성녀 테레사는 자서전 8장에서 매일 2시간씩 기도하기를 권한다(또한 「출판자의 서언」 16쪽을 참조하라).

대개는 우리가 이미 얘기한 대로 반 시간 정도는 상상을 잠잠하게 하고 우리 마음이라는 악기의 현을 맞추는 데 소요하고, 나머지 시간은 기도의 열매를 맛보는 데 소요하는 것이 좋다. 물론 마음을 잘 정돈하는 것이 이 작업의 성공적인 수행을 위해 꼭 필요하다. 이 기도의 수련은 대개 아침기도나 미사 혹은 다른 염경기도나 독서 같은 다른 기도를 한 후에 바치는 것이 좋다. 이는 마치 마른 나무가 천상의 불로 빨리 타오르는 것과 같다고 할 수 있다. 또한, 일하기에 더 나은 아침 시간에는 기도 시간을 조금 짧게 가질 수 있다.

하지만 많은 소임 때문에 시간을 쪼개기가 어려운 사람은 성전에서의 가난한 과부처럼 조금이라도 가진 것을 봉헌하는 일을 멈추어서는 안 된다. 모든 피조물에게 그들의 필요와 본성에 따라 온갖 것을 제공해 주시는 하느님께서는 나태하지 않으려고 노력하는 사람에게 똑같이 필요한 것을 주시기 때문이다.

일곱 번째 권고

앞서 말한 권고와 관련하여, 비슷한 권고 하나가 더 있다. 영혼이 기도 중 혹은 기도 바깥에서 특별한 방식으로 주님의 방문을 받게 될 때, 그 방문이 그냥 헛되이 흘러가게 하지 말고 주어진 기회를 잘 활용하여 도움을 받도록 하라. 한 시간 동안이라도 그런 산들바람으로 여러 날 동안 항해하고자 했던 것보다 확실히 더 멀리 항해할 수 있기 때문이다. 성 프란치스코가 바로 이렇게 했던 사람이다. 성 보나벤투라는 성 프란치스코의 이러한 모습을 이렇게 전한다. 그가 특별한 모습으로 하느님의 영이 가까이 다가오고 있음을 느낄 때면 자기의 동료들은 계속 나아가게 하고 자신은 멈추어 서서 이 새로운 영감을 받았다(대전기 10장 1항). 이렇게 행하지 않는 이들은 다음과 같은 벌을 받게 된다. 그들은 하느님을 찾을 때 그분을 발견하지 못할 것이다. 왜냐하면, 그분께서 그들을 찾아왔을 때 그분께서도 그들을 전혀 발견하실 수 없었기 때문이다.

여덟 번째 권고

이 마지막 권고는 이 모든 권고 중 가장 중요한 것으로서 다음과 같다. 이 거룩한 수련 동안 묵상과 관상을 함께 하는 것인데, 하나는 사다리 자체로 활용하고, 다른 하나는 그 사다리를 타고 올라가는 것으로 활용하면 된다. 이 목적을 위해 묵상은 하느님의 일에 대한 주의 깊은 연구로 간주된다는 것을 염두에 두어야 한다. 묵상이라는 것은 주제를 한 가지씩 선택하여 그때마다 집중적으로 그 주제를 숙고하는 것인데, 이는 의지의 어떤 감성(sentiment)과 정감(affection)으로 마음을 움직여가기 위한 것이다. 이는 마치 불꽃을 튀게 하려고 부싯돌을 부딪치는 것과 같은 것이다. 그러나 관상에는 이미 빛이 밝혀져 있다. 즉, 의지의 감성과 희망하는 정감이 이미 거기에 있기에 거기에서 쉬고 그것을 침묵 중에 즐기는 상태로서, 더 이상 지성의 이성작용이나 사변작용이 존재하지 않고, 오직 집중하여 진리를 응시하는 상태이다. 그러므로 거룩한 박사[13]는 묵상에는 그 열매와 수고가 결부되지만, 관상에는 수고는 없고 오직 열매만 있는 것이라고 말한다. 묵상이 찾아나서는 것이라면 관상은 발견하는 것이고, 묵상이 음식을 씹는 것이라면 관상은 맛을 보는 것이고, 묵상이 숙고에서 나오는 것이라면 관상은 이미 사랑과 풍미로서 존재하는 것들에 대해 집중적인 마음으로 바라보는 것을 말한다. 한마디로 말해서, 묵상이 수단이라면, 관상은 목적이다. 묵상이 우리가 움직여 나아가는 길이라면, 관상은 그 길과 여정의 목표 지점이다.

여기서부터 모든 영적 스승들이 가르쳐 왔기에 잘 알려진 진리가 나온다. 물론 그저 읽기만 하는 이들은 이것에 별로 귀를 기

---

13 「Scala Clausrtalium」의 저자. 이전에는 성 베르나르도라고 생각했다.

울이지 않았다. 일단 목적이 달성되면 수단이 더 이상 필요하지 않다는 것이다. 배가 항구에 다다르면 돛을 감는 것과 마찬가지로, 묵상의 노력을 통해 관상의 휴식과 즐거움을 누리게 되면 묵상 동안 했던 거룩한 노력은 이제 중단해야 한다. (마치 현존하시는 하느님을 뵙듯이) 하느님을 단 한 번 바라보는 것과 기억하는 것만으로도 만족하기에 그는 그에게 부여된 그와 같은 정감에 대해 참으로 기뻐해야 한다. 그 정감들은 사랑이나 감탄, 기쁨, 그리고 이와 같은 것들이다. 이 충고를 하는 이유는 이런 작업을 하는 목적 전체가 바로 사랑과 의지의 정감에 있는 것이기에 의지가 이런 종류의 정감으로 가득 차고 성장해 갈 때마다 우리가 할 수 있는 한 멀리 모든 이성작용과 조사 혹은 탐구의 과정들은 치워 버려야 하기 때문이다. 이렇게 해서 영혼이 다른 어떤 힘이 내는 활동에 의해 방해받지 않고 가능한 한 충만하게 그 정감 안으로 들어가게 하려는 것이다. 그러므로 어떤 사람이 하느님의 사랑에 의해 불타오름을 느낀다면 그는 이 모든 생각들과 성찰들을 내려놓아야 한다고 어떤 현인은 말한다. 그 생각과 성찰이 아무리 큰 것이라 하더라도 그렇다. 이는 그것 자체로 악해서가 아니라 그것들이 더 큰 선을 가로막기 때문이다. 그리고 이 [더 위대한 선]은 이외의 다른 모든 움직임을 멈추게 할 뿐이다. 왜냐하면 우리가 이미 목적지에 다다랐고, 관상을 위해 묵상하는 일을 중지했기 때문이다. 이 [묵상을 멈추는 행위]는 이 수련 맨 마지막, 즉 하느님 사랑을 구하는 기도 이후에 이루어진다. 이 기도에 대해서는 위에서 이야기한 바 있다. 한 편으로 우리가 한 노력이 하느님에 대한 정감이나 생각을 일으켜 줄 것이라고 기대할 수 있다. 이는 그 현인이 하는 말이다. "기도의 끝이 시작보다 낫다"(지혜 7,9). 그리고 다른 한 편으로는 묵상과 기도의 노고를 들인 후에 정신이 약간의 휴식을 취하게 하고 관상의 품 안에서 쉬도록 하는 것은 마땅한 일이다. 이 시간이 바로 상상에 의해 생겨난 잡다한 생각들에서 주의를 돌려 정신적 기능을 차분히 하고 기억 작용을 잔잔히 하여 우리 주님께 온전히 시선을 고정하게끔 하는 시간이다. 이제 이 사람은 자신이 하느님의 현존 안에 있다고 생각해야 한다. 이때에는 하느님의 속성에 대해 어떠한 이성작용도 하지 않는다. 믿음을 통해서 하느님을 아는 지식에 만족하고 이제 의지와 사랑이 작용하도록 해야 한다. 왜냐하면, 오직 의지와 사랑만이 하느님께 붙어 있을 수 있고, 여기에서만 묵상의 열매 전체가 발견되기 때문이다. 여기서 하느님에 대한 지식을 얻고자 하는 이해력은 이제 실질적으로 힘을 잃고, 오직 의지만이 그 큰 사랑을 취할 수 있다. 이제 그는 영혼의 한 가운데에 있는 자기 자신에게 집중하라. 여기에 하느님의 모상이 있기 때문이다. 그리고 마치 높은 탑에서 자신에게 말하는 이에게 귀 기울이듯이, 혹은 마치 마음 한가운데 현존하시는 하느님을 응시하듯이, 혹은 하느님과 자신의 영혼 이외에는 아무것도 없는 드넓은 세상 한가운데서 하느님을 바라보듯이 하느님께 귀를 기울이라. 그리고 자신과 자신의 행위에 대해서는 다 잊어버려라. 교부들 중 한 사람이 말하듯이, "기도는 기도하는 사람이 자신이 기도하고 있다는 것을 의식하지 않는 때에 이루어진다"(「Collations of Cassian」, 9,30 참조).

하지만 수련의 마지막에서뿐 아니라 중간 혹은 기도 중 어느 때라도 이런 영적 휴식의 느낌이 올 때면 잠시 멈추어 이 은혜를 즐기면서, 이 작은 느낌을 풍미하고 소화할 때까지는 다시 수련으로 돌아가지 말아야 한다. 이 느낌이 오는 때에는 늘 그렇듯이 이 해력이 의지력에 의해 안정을 찾고 휴식을 취하게 된다. 이는 정원사가 꽃밭에 물을 주는 행위와 흡사하다. 물을 충분히 주고 난 다음에는 물이 땅속에 잘 스며들어 땅을 적실 수 있도록 물을 잠근다. 그런 다음, 그는 다시 물을 틀어 땅이 더 많이 머금을 수 있도록 물을 주어 땅을 더욱 비옥하게 해 준다.

이 순간에 영혼이 누리는 빛과 영혼이 받아들이는 사랑과 평화의 충만함이 무엇인지에 대해서는 말로 표현할 길이 없다. 그냥 그곳에는 모든 이해를 넘어서는 평화와 이승에서 누릴 수 있는 모든 기쁨이 모두 존재한다.

하느님 사랑에 깊이 사로잡혀 그분의 감미로운 이름에 대한 기억이 깊숙한 내면의 존재를 휘저어 놓기 전에는 그분을 생각하기조차 힘든 이들도 있다. 그런 사람들은 이성작용이 필요하지도 않고 그분에 대한 사랑으로 이끌어 줄 숙고조차 필요하지 않다. 왜냐하면, 그들은 단순히 자식과 남편에 대한 말만 나와도 그들을 생각하는 기쁨이 벅차오르는 어머니나 부인과 같은 존재들이기 때문이다.

또 어떤 이들은 기도 시간 이외에도, 즉 기도하지 않는 때조차도 하느님으로 깊이 젖어있고 그 안에 스며들어 가 있는 사람들이 있다. 그들은 하느님으로 인해 다른 모든 것에 대해서는 기억조차 할 수 없고, 심지어는 자신마저도 잊고 지낸다. 아주 빈번하게 버려진 불쌍한 이에 대해 본능적으로 사랑하게 될 때 [자신을 잊는 것]이 가능할 수 있다. 그러니 이 무한히 아름다우신 분에 대한 사랑은 얼마나 더하겠는가? 은총 – 이것이 본능과 죄보다 덜 강력하겠는가?

그런데 영혼이 기도 중 어느 때라도 이런 감성을 체험하게 된다면 기도 시간 전체가 그런 식으로 흘러간다고 하더라도 그것을 한쪽으로 치워두어서는 안 된다. 의무로 바쳐야 할 기도가 아니라면 자기가 정해 놓은 기도나 묵상 시간이라도 이 감성에 주의를 기울여야 한다. 아우구스티누스는 이렇게 말한다. "염경 기도가 어떤 식으로든 신심(devotion-온 정신을 하느님께 쏟는 것)에 방해가 된다면 그 기도를 중단해야 한다. 그리고 비슷하게 묵상이 관상을 저해한다면 그 묵상 역시 포기해야 한다."[14]

마지막으로 내가 관찰한 매우 중요한 점 하나를 말하겠다. 정감에 머물기 위해 묵상을 그만두고 낮은 단계에서 높은 단계로 올라가는 것이 아주 적절한 것이듯, 다른 한 편으로는, 만일 그 정감이 너무 격렬해서 그 상태에 머물게 되면 건강을 해칠 것 같은 두려움이 든다면 정감을 떠나 다시 묵상으로 돌아가야 한다. 이런 일은 이 충고를 무시하고 이 수련에 들어서서 그저 하느님의 감미로운 힘에 매료되어 신중하지 않고 무모하게 수련을 하는 이들에게서 자주 일어난다. 어떤 학자가 말하기를, 그런 경우에, 좋은 치

---

14 영어본 역자 주: 스페인어본에서 이 인용구가 「Enchiridion」(교리 원전 자료집)에 있는 것이라고 하는데, 이런 문구를 그 자료집에서 찾을 수 없었다.

료제는 그런 경직된 마음의 상태를 완화하기 위해 그리스도의 수난이나 세상의 죄와 비참함에 대해서는 조금만 숙고하고, 동정심의 정감에 더 많은 주의를 쏟는 것이다.

제2부   신심(헌신-devotion)을 논하다

1장

신심(Devotion-헌신)의 본질

　기도 수련을 하는 이들이 겪는 어려움 중 가장 큰 것은 전적인 신심의 부족이다. 그리고 이것은 그런 이들이 종종 경험하는 것이다. 신심을 제대로만 갖고 있다면 분명히 기도보다 더 감미롭고 쉬운 것이 없다. 그러므로 지금까지는 기도를 위한 요소와 적용할 방법에 대해서 이야기했기에, 신심을 고양시켜 주는 요소들과 신심에 방해가 되는 것들, 그리고 가장 일반적으로 신심 깊은 사람들을 괴롭히는 유혹들에 대해서 다루고, 마지막으로 이 사안에 대한 몇 가지 실질적인 지침을 주는 것이 좋을 것이다.

　그러나 본론에 들어가기에 앞서, 지금은 무엇이 신심인지에 대해서 분명하게 설명할 필요가 있다. 그러면 우리가 맨 먼저 얻고자 애쓰고 있는 보석이 무엇인지에 대해 개념을 잡을 수 있을 것이다. 성 토마스가 말하듯이, 신심은 사람을 자극하여서 모든 선한 일을 할 차비를 갖추어 주고 이로써 그 사람을 성장하게 해 주며 잘 살아갈 수 있게 도움을 주는 것이다.[1] 이 말들은 이 신심이라는 덕의 필요성과 그 위대한 가치를 분명하게 드러내 준다. 그런데 이 신심에는 많은 사람이 얼핏 볼 때 상상하는 것보다 훨씬 더 많은 것들이 들어 있다.

우리가 염두에 두어야 할 것은 우리 본성의 부패, 즉 죄로 인해 선한 삶을 살아가는 데 있어 가장 큰 장애가 있다는 것이다. 이것이 바로 악한 것에 쉽게 이끌리는 경향의 원인이고, 또한 선한 것을 추구할 때 우리가 경험하는 어려움과 긴장을 갖게 되는 원인이다. 거룩함이 그 자체로 세상에서 가장 감미롭고 가장 아름다운 것이고, 사랑하고 존중할 가치가 가장 큰 것임에도 불구하고, 이 두 가지 문제는 덕을 닦아 나가는 데 있어 우리에게 매우 큰 어려움을 준다. 이 어려움과 열의 부족에 맞서기 위해 하느님의 지혜는 신심의 덕에 가장 큰 도움이 되는 적절한 치료제를 부여해 주었다. 북풍이 구름을 몰아내고 맑은 하늘을 열어 주듯이, 참된 신심은 우리 영혼으로부터 이런 어려움의 부담감을 몰아내 주고 모든 선한 일을 하는 데 신속하고 부담 없이 대처하게 해 준다. 이 덕은 그야말로 일상적인 덕이 아니라, 성령의 특별한 선물이기도

---

[1] 이 안내서 제1부 제1장에 같은 인용구가 나오는데, 이를 참조하라.

하다. 이것은 하늘로부터 내리는 이슬이고, 하느님의 도움이며 그분의 찾아오심인데, 이는 기도를 통해 얻는 것이고, 이런 어려움과 중압감에 맞서도록 주어지는 것이다. 그리고 이것은 우리의 미지근한 상태를 몰아내 주고, 신속한 대응을 하게 해 주고, 우리 영혼을 더 높은 목적으로 채워주고, 지성을 밝혀주고 의지를 강화해 주고, 거룩한 사랑의 불을 타오르게 하고, 악한 욕망의 불을 꺼주고, 세상과 죄에 대한 혐오감을 가져다 주고, 사람 안에 새로운 열정과 영과 잘 살아갈 원의를 넣어준다. 삼손의 머리털이 훼손되지 않고 보존되어 있는 한 그가 어떤 사람보다도 힘이 셌지만, 그 머리털이 잘려 나가자 그는 다른 여느 사람들처럼 약한 자가 되었다. 그리스도인의 신심이 바로 이와 같다. 영혼에서 신심이 없어지면 그 영혼은 즉시 약해지고 만다.

성 토마스가 신심의 정의를 우리에게 이해시키고자 하는 그만큼, 이 덕은 가장 큰 찬양을 받을 만한 것이다. 왜냐하면 이 덕은 다른 모든 덕의 자극제요 촉매제이기 때문이다. 그렇기에 거룩함에 있어 참으로 진보하고자 하는 사람은 박차를 가해 주는 이 덕을 견지하지 않은 채, 여정을 시작하지 말아야 한다. 그렇지 않으면 그는 그가 마주하게 될 이 여정의 어려운 상황에서 자신의 변덕스러운 "말馬(steed)"[다시 말해 죄에서 기인하는 그의 무절제한 본능]을 절대 구해 내지 못할 것이다.

우리가 지금까지 말한 바를 잘 이해해 본다면 신심의 참되고 핵심적인 특징을 분명하게 간파할 수 있을 것이다. 이 덕은 마음의 단순한 유순함에 있지 않고, 기도하는 이들이 선행할 차비와 열망을 동반하지 않는 한 그들이 때때로 체험하는 그런 위로에도 있지 않다. 종종 우리 주님께서는 다른 위로는 주시지 않고 당신의 유순한 마음을 드러내실 때가 있다. 혹은 역으로, 때때로 위로는 주시되 마음의 유순함을 드러내지 않으실 때도 있다. 이 신심과 민첩함 [기꺼움]이 자주 위로를 가져다 주기도 하고, 반대로 위로와 영적인 것에 대한 즐거움이 선을 할 차비와 열망 안에 들어 있는 전정한 신심을 증가시켜주기도 하는 것이 사실이다. 이러한 이유로, 위로가 되는 기쁨을 고대하며 기도하라. 다만 이런 기도를 하는 것이 기도 안에 있는 즐거움 때문이 아니라, 기도가 선한 행위를 하게 해 주는 신심에 힘을 불어넣어 주기 때문이어야 한다. 예언자의 이 말씀이 그 의미를 잘 말해 준다. "당신께서 제 마음을 넓혀 주셨기에 당신 계명의 길을 달립니다"(시편 119, 32). 즉, 그런 민첩함의 원천인 주님 위로의 기쁨을 견지하고 기도하라는 것이다.

마지막으로, 우리는 신심을 지니기 위한 수단들에 대해서 애써 말해 보겠다. 그리고 이 덕이 어떤 식으로든 우리를 하느님과 묶어주는 뜨개질 같은 것이기에, 우리는 동시에 완전한 기도와 관상뿐 아니라 성령의 위로에 대해서 다룰 것이고, 또한 하느님의 사랑과 거룩한 지혜, 그리고 영신 생활의 목적 전체가 들어 있는 하느님과 우리 영혼의 일치에 대해서도 이야기할 것이다. 마지막으로 우리는 이 세상의 삶에서 하느님 당신을 소유할 수 있는 방법에 대해서도 다룰 것이다. 이것이 바로 복음서가 말하는 보물, 즉 "값비싼 진주"다. 이를 발견하면 지혜로운 상인은 신이 나서 가진 것을 다 팔아 산다는 그 진주다.

2장

신심을 견지하기 위한 아홉 가지 도움

많은 것들이 신심에 도움이 된다.

[1] 첫째, 이 거룩한 수련에 진지하고 확고하게 그리고 매우 결연한 마음으로 임하는 것이 매우 중요하다. 즉 어떤 것이든 힘들고 어려운 일일지라도 "값비싼 진주"를 얻기 위해 꼭 필요하다면 그것을 할 차비를 갖추어야 한다는 것이다. 참으로 훌륭한 것은 거기에 어려움도 동시에 있게 마련이다. 그러므로 적어도 초보자들에게는 이러한 사실이 명백하다.

[2] 마음을 잘 지키기 위해 항상 노력하라. 온갖 종류의 헛되고 게으른 생각과 모든 생경한 사랑의 감정, 모든 열광과 격정이 몰아치는 마음의 움직임을 물리쳐라. 분명히도 이 모든 것은 신심을 방해하는 것들이다. 우리가 바이올린을 연주하게 될 때 마음을 연주하는 것과 같이, 기도하고 묵상할 때 음을 잘 맞추어야 한다.

[3] 감각들을 늘 잘 경계하라. 특히 눈과 귀, 혀를 조심하라. 입술을 통해서 마음이 흐트러지기도 하고, 눈과 귀에 의해 마음에 수많은 상상으로 찰 수 있으며, 그렇게 되면 영혼은 평화와 안식을 잃고 만다. 그러므로 관상하는 영혼이 마치 귀머거리요 봉사요 벙어리 같아야 한다고 말하는 것이 참으로 맞다. 기도하는 이가 자신의 에너지를 외부의 일에 덜 소모하면 할수록, 그는 자신 안에서 더욱 침잠하게 될 것이다.

[4] 같은 이유로, 독거의 삶에 열중하라. 이는 독거가 감각들이 산만해지는 것을 막아주고 마음이 죄를 지을 기회에서 멀어지게 해 주기 때문만이 아니라, 이 독거가 기도하는 이를 자신 안으로 더 깊이 들어가게 해 주고, 오직 하느님하고만 함께 머물도록 초대해 주기 때문이다. 이를 위해 다른 사람이 기도의 공간에 들어오지 못하게 하는 그런 환경을 조성해 주면 훨씬 더 좋다.

[5] 그런 다음, 영신 서적과 신심 서적 독서를 실행하라. 독서는 상상력을 키워주고 마음을 침잠하게 해 주며 독서하는 이들에게 제시된 것을 정신이 추구할 선한 의지를 갖게 해 준다. 사실 마음을 채우는 것은 항상 처음에 정신에 주입된 것이기에 이 독서가 중요한 것이다.

[6] 계속해서 하느님 생각을 그대 생각보다 먼저 하기 위해

노력하고, 항상 그분의 현존 안에서 걸어가라. 성 아우구스티누스가 "외침"(ejacuations)이라고 일컬은 짧은 기도들을 활용하라. 이 기도들은 마음의 거실을 잘 지켜 주고 보존해 준다. 우리가 위에서 말한 대로, 이것이 바로 신심의 온기溫氣다. 이렇게 해서 사람은 어떤 순간에라도 기도에 몰입할 준비를 한다. 이것은 기도를 위한 시간과 기회가 따로 정해져 있지 않은 [사람들]에게 있어 영신 생활의 가장 핵심적인 원리요 가장 훌륭한 자원 중 하나다. 그리고 이 권고를 염두에 두고 실행에 옮기는 이는 누구나 아주 짧은 시간에 엄청난 진보를 이룰 것이다.

[7] 그다음, 정해진 시간과 장소, 특히 거룩한 성경 전체가 우리에게 가르치듯 기도를 위해 가장 적합한 시간인 밤과 저녁 시간에 항구함과 끈기를 갖고 이 거룩한 수련에 임하라.

[8] 일종의 금욕과 육체의 절제를 실천하라. 소박한 탁자, 딱딱한 침대, 털이 섞인 거친 옷, 그 외의 개인 훈육이나 그와 같은 것들. 이런 것들은 신심이 있을 때 실천되는 것이고, 또 그 신심에 도움이 되기도 한다. 이런 실천들은 그런 것들이 솟아나는 뿌리를 잘 보존해 주고 강화시켜 준다(『성 이냐시오의 영신수련』: 「부록」, 10 참조).

[9] 마지막으로, 자비를 실천하라. 자비실천은 우리가 고통을

받을 때 하느님 앞에 있다는 확신을 갖게 해 준다. 자비실천은 우리 기도의 가치를 더 높여 준다. 그래서 기도가 더 이상 단순한 청원이 아닌, 충만한 자비를 받아들이는 장소가 된다. 우리는 자비실천 자체가 자비로운 마음에서 나오는 것임을 알기 때문이다.

3장

신심에 방해가 되는 열 가지 장애

신심에 도움이 되는 특별한 요소들이 있는 것처럼, 신심을 방해하는 요소들도 있다. 그런 요소들은 다음과 같다.

[1] 죄가 첫 번째 요소이고, 대죄뿐 아니라 소죄까지도 여기에 포함된다. 이런 죄들이 우리에게서 사랑을 앗아가지는 않지만, 실질적인 측면에서 신심과 같은 것이라고 할 수 있는 사랑의 열정이 줄어들게 한다. 결과적으로 우리는 죄에 대항하여 자신을 지키는 노력을 많이 해야 한다. 사실 악은 우리 안에서 악을 행하기보다는 우리에게 있는 위대한 선을 훼손하기에 이를 경계해야 한다.

[2] 두 번째 장애는 지나친 양심의 회한이다. 이는 죄에서 기인하는 것인데, 영혼을 괴롭히고 낙담하게 하고, 겁먹게 하며, 모든 선한 일을 할 수 없게 만든다.

[3] 가책도 같은 이유로 또 다른 장애가 된다. 가책은 가시 같

아서 영혼이 쉬지 못하게 한다. 이 때문에 영혼이 결국은 하느님 안에서 쉬지도 못하고 참 평화를 누리지도 못한다.

[4] 모든 종류의 괴로움과 뾰로통함과 이유 없는 우울함도 장애가 된다. 이런 상태에서 우리는 선한 양심과 영적 기쁨의 맛과 감미로움을 거의 맛볼 수 없기 때문이다.

[5] 과도한 걱정은 더 좋지 않은 장애다. 근심은 이집트의 파리들과 같아서, 영혼을 힘들게 하고 기도 안에서 경험하는 영적인 쉼을 누리지 못하게 한다. 이것은 정확하게 볼 때 다른 어느 때보다 더 영혼을 못살게 굴어 이 수련을 더 이상 계속하지 못하게 한다.

[6] 너무 많은 일도 역시 장애가 된다. 일이 많으면 그 일에 시간이 너무 많이 들고, 영혼은 숨이 막히게 되며, 거룩한 것에 마음을 쓸 여유가 없게 된다.

[7] 쾌락과 세상의 위로에 지나치게 빠져들면 기도를 할 수 없게 된다. "세상의 기쁨을 얻는 데 과도한 노력을 하는 이는 성령의 기쁨을 누릴만한 자격이 없다"고 성 베르나르도는 말한다 (「Sermon 5, In Nat. Domini」 - 「성탄대축일 강론」).

[8] 음식과 음주를 탐하고 많이 먹고 마시는 것도 또 다른 장애가 되며, 특히 식사나 음주를 너무 오랫동안 하는 것이 문제다.

이렇게 하는 것은 영신 수련과 신심 깊이 자신을 살피는 일에 있어 매우 좋지 않은 상태를 만든다. 음식을 너무 지나치게 먹어서 몸이 무거워지면 영혼이 하느님을 향해 오를 수 없게 된다.

[9] 감각과 지성에 대한 호기심의 악습 역시 장애물이다. 매력적이고 진기한 것을 갖고 싶어서 그 온갖 것에 대해 보고 듣기를 열망하는 것은 시간을 많이 잡아먹는 일이고, 감각을 혼란하게 하며, 영혼을 못살게 굴어 사방으로 흐트러지게 하기에 신심을 방해하게 된다.

[10] 마지막으로, 이 거룩한 수련을 가로막는 것은 어느 것이든, 그것이 선하고 경건한 이유가 아니라면, 장애가 된다. 어떤 학자가 말하기를, 신심의 영은 매우 복잡미묘한 것이어서 한 번 나가 버리면 다시 돌아오지 않거나, 돌아오더라도 수많은 어려움을 겪고 나서야 돌아온다고 한다. 나무에 물이 필요하고 사람의 몸에 정기적 식사가 필요한데, 이것이 부족하면 말라버리고 쇠약해지며 죽고 만다. ― 신심도 마찬가지로 숙고의 물과 영적 양분이 제공되지 않으면 그렇게 된다.

이 모든 것을 매우 간략하게 설명했는데, 그 이유는 기억을 더 잘하게 하기 위해서다. 이 수련을 제대로 시도하고자 하는 이에게는 이 진리가 자명하게 될 것이다.

4장

....

기도에 전념하고자 하는 이들을 괴롭히는 유혹들과 그 치료제

이제 기도에 몰두하는 이들이 마주하는 더 일상적인 유혹들과 그 치료제에 대해 다루는 게 좋겠다. 그런 것들은 대개 다음과 같다. 영적 위로의 부재, 성가신 생각들과의 투쟁, 믿음을 거스르는 생각과 불경한 생각, 지나친 두려움, 절제 없는 수면 욕구, 진보에 대한 불신, 자신의 진보에 대한 주제넘은 평가, 지식에 대한 무절제한 갈망, 완덕을 얻고자 하는 무분별한 열망. 이런 것들이 이 여정을 힘들게 하는 더 일반적인 유혹들이다. 그 치료제는 다음과 같다.

첫 번째 권고

첫째로, 영적 위로가 결핍된 이들을 위한 치료제는 다음과 같다. 기도가 무미無味하고 열매를 별로 내지 못한다 해도 이 때문에 기도의 수련을 포기하지 말고, 오히려 큰 죄인인 듯 하느님 현존 앞에 더 깊이 엎드려라. 그러고는 양심을 성찰하여 그대가 이 은총을 잃은 것이 그대의 잘못인지 아닌지를 살펴보라. 그리고 용서에 대한 완벽한 확신을 갖고 주님께 청하면서 당신께 해드린 것은 아무것도 없고 오로지 죄만 지었다는 것을 아는 사람을 용서하시고 부축해 주시는 그분의 하염없이 풍요로운 인내심과 자비를 높이 찬양하여라. 이런 식으로 해서 사람은 자신의 모든 죄를 보며 더욱 겸허한 마음을 갖게 되고 하해와 같은 하느님 용서를 보며 그분을 더욱 사랑함으로써 자신의 무미건조한 상태에서 해방되는 유익함을 입을 것이다. 이 모든 것 안에는 어떤 즐거움도 존재하지도 않고, 또 유익한 것이 있다 하더라도 그것이 늘 기분 좋은 것만은 아니므로 기도를 포기하려는 유혹을 이겨내야 한다. 그리고 적어도 경험에 비추어보면, 사람이 자기가 정말로 기도에 최선을 다해 임하고 있는지는 별 관심을 기울이지 않은 채 기도에 항구하게 되면 그저 자기에게 주어진 바를 해냈다는 것으로써 위로를 받고 기뻐하게 된다. 이러한 사실은 언제나 틀림이 없다. 하느님의 눈에는 그가 한 것이 보잘것없어도 그는 그가 할 수 있는 모든 것을 한 셈이니 참으로 대단한 것이다. 우리 주님께서는 사람의 능력이 아니라 당신을 위해 가능한 모든 것을 하고자 하는 선한 의지를 생각하시는 분이시다. 그분께서는 당신을 위해서는 아무것도 남겨두지 않으신 채 주기를 바라시는 만큼 주시고, 실제로 당신이 가지신 모든 것을 주신다. 위로가 충만한 기도를 오랜 시간 바치는 것은 참으로 대단한 일이다. 그러나 신심이 약한 상태라도 겸손과 인내와 항구함이 강해지는 기도에 오래 머무는 것은 참으로 중요한 일이다.

또한, 이런 기회가 올 때마다, 다른 어느 때보다 더 열심히 자기 자신에 대해 주의를 기울이고 자기의 생각과 말과 행위를 성찰하면서 더 조심스럽게 자신을 지키려 노력하는 것이 꼭 필요하다. 이 기도의 항해를 하는 데 있어 영적인 기쁨이 바로 가장 중요한 노(oar)인데, 우리에게 이 기쁨이 부족하다면 우리는 주님 은총으로 그 결핍을 채우기 위해 성실하고 근면하게 노력해야 한다. 성 베드나르도는 이렇게 말한다. "그대가 이와 같은 과정을 지날 때 그대는 결국 그대를 지키던 초병이 잠에 빠져 그대의 방어벽이 무너졌다는 사실을 깨달아야만 한다. 이제 그대의 안전을 위해 유일하게 남아 있는 희망은 그대의 무기뿐이다. 이제 그대를 방어할 성벽은 없어졌고, 오직 그대의 칼과 전투 기술만 남아 있는 것이다. 이런 식으로 방패와 같은 다른 방어 무기는 없는 상태에서 가진 것이라고는 자신의 용기와 담대함밖에 없이 자신을 방어하기 위해 홀로 힘을 다해 싸우는 영혼의 영광은 오, 얼마나 대단하겠는가!"[2]

우리 구세주께서 지니셨던 덕들을 닮는 것보다 더 큰 영광은 없다. 이 모든 덕 중 으뜸은 어떤 위로도 영혼에게 허락하지 않은 채 그분이 겪으셨던 고통을 함께 겪는 것이다. 그리고 이렇게 해서 온갖 종류의 위로가 부족한 그 만큼 더 고통을 겪으면서도 계속해서 투쟁하는 사람은 더더욱 참되게 그리스도를 닮으려는 사람이다. 이것이 바로 참된 순종의 쓰디쓴 잔을 마시는 것이다. 이것이 바로 우아한 우정이며, 이로써 친구가 아닌 이들과 참된 친구를 구분할 수 있다.

두 번째 권고

기도할 때 매우 일반적으로 우리를 공격하는 유혹 중 하나는 성가시게 따라붙는 생각들인데, 이런 유혹에서 벗어나는 치료제는 단호하고 끈기 있게 이 생각들에 맞서 싸우는 것이다. 그러나 이런 노력이 과도해서 영혼이 너무 지쳐버리고 괴로움을 겪을 정

---

[2] 성 베르나르도의 것이라고 여겨졌으나, 이제는 오히려 카르투시안인 귀도의 것이라고 여겨지는 편지, 「Ad Fratres de Monte Dei」.

도까지 가서는 안 된다. 왜냐하면 이 과정은 우리의 에너지를 어느 정도 쏟아붓느냐의 문제가 아니라 은총과 겸손의 문제이기 때문이다. 그러므로 사람이 이런 정도까지 이르게 될 때면 어떤 양심의 가책이나 의혹을 품지 말고 즉각 하느님께 주의를 돌려야 한다. 사실 그 사람에게는 이 모든 것에 대해 잘못이 전혀 없고, 있다 하더라도 아주 경미한 잘못 정도만 있기 때문이다. 이럴 때는 신심과 겸손을 다해 이렇게 말하라. "오, 주님, 이런 저를 보십시오. 당신께서는 이렇게 거부하는 저에게서 이런 악취 외에 무엇을 기대할 수 있으십니까? 당신께서 저주하신 가시덤불만이 있는 이 땅에서 무엇을 찾으십니까? 당신께서 이 땅을 깨끗하게 해 주지 않으신다면 이게 제 영혼이 맺는 유일한 열매일 뿐입니다." 이렇게 하고 나서 이전처럼 기도의 끈을 다시 잡고 인내심으로 겸손한 이를 절대 잊지 않으시는 주님의 방문을 기다리라. 그럼에도 계속해서 같은 생각들이 그대를 공격해온다면 최선을 다해 이런 생각들에 저항하라. 그러면 온갖 기쁨 가운데서 하느님과 함께 거함으로써 갖게 되는 땅보다도 훨씬 더 나은 땅을 갖게 될 것이라는 확신을 가져라.

세 번째 권고

불경함의 유혹에 대한 치료제는 이 유혹보다 더 고통스러운 유혹은 없고 또 이것만큼 위험한 것도 없다는 것을 깨닫는 것이다. 이를 치유하기 위해서는 이 유혹에 대해 신경을 별로 쓰지 않아야 한다. 이 유혹을 체험한다고 해서 죄를 짓는 것은 아니다. 오히려 이 유혹에 동의하고 그로 인해 즐거워하는 것이 죄다. 여기서는 이런 죄에 대해서 말하지 않고 그 반대의 것만 말하겠다. 그러니 이런 유혹을 잘못으로 보다는 벌로 간주해야만 한다. 이런 유혹에서 유발된 즐거움이 없다면 그것이 바로 우리 결백함의 표시라고 생각해야 한다. 그러므로, 내가 말하듯이, 치료제는 그저 이런 유혹을 무시하고 그것을 두려워하지 않는 것이다. 그것을 너무 두려워하면 이 두려움 자체로 인해 다시 그 유혹에 빠지게 되고 그것에 휘말리게 된다.

네 번째 권고

불충실의 유혹에 맞서는 치료제는 한편으로 인간 본성의 하잘것없음을 숙고하고, 다른 한 편으로는 하느님의 위대하심을 숙고하는 것이다. 그분의 업적이 얼마나 큰지를 재 보려는 호기심을 버리고 하느님의 계명을 숙고하라. 왜냐하면, 보는 것이 이해하는 것보다 더 중요하기 때문이다. 하느님 업적의 성역으로 들어설 때는 위대한 겸손과 존경심을 갖고 악의에 찬 뱀의 눈이 아닌 비둘기의 눈을 들어 앞을 바라보며 들어가라. 그리고 그 마음은 제자의 마음이어야지 호되게 심판할 준비가 되어 있는 사람의 마음이어서는 안 된다. 그리고 이때 어린아이처럼 되어라. 하느님께서는 그런 이들에게 당신의 비밀을 드러내시기 때문이다. 그리고 하느님의 업적이 왜 있는지에 대해 알려고 노력하지 마라. 그저 이해하기 위한 눈을 감고 믿음의 눈을 떠라. 믿음의 눈만이 하느님의 업적을 알아보는 도구이기 때문이다. 인간의 업적을 연구하는 데에는 인간 이성의 눈이 훌륭한 역할을 하지만, 하느님의 업적을 보는 데에는 인간 이성보다 더 부적합한 것이 없다.

    이 유혹 역시도 앞에 얘기한 유혹만큼 일반적으로 우리 영혼을 너무도 성가시게 하기에, 치료제도 같다. 즉, 이 유혹을 가벼이 여기는 것이다. 이것은 잘못이라기보다는 시련이다. 우리가 이미 단정하여 말했듯이 우리 의지가 이 유혹에 반하여 방향을 잡는다면 절대 잘못이 있을 수 없다.

다섯 번째 권고

어떤 사람들은 밤에 홀로 기도할 때 무시무시한 상상에 시달리기도 한다. 이런 유혹에 대한 치료제는 이런 생각을 하는 자신을 누르고 자신의 수련을 끈기 있게 계속하는 것이다. 우리가 그런 생각에서 벗어나려고 노력하면 우리의 두려움은 커지겠지만 그것에 저항할 수 있는 우리 용기는 더 강해지게 마련이다. 여기서 악마나 다른 모든 악의 세력도 주님의 허락이 없다면 우리에게 해를 가할 어떤 계획도 고안해 낼 수 없다는 것을 깊이 숙고할 필요가 있다. 그리고 우리 곁에는 우리의 수호천사들이 있고 다른 어느 때보다 기도할 때 우리에게 더 가까이 있으면서 우리를 도와 우리 기도를 하늘로 향하도록 하여 원수로부터 우리를 지켜 주기 위해 대기하고 있기에 그 원수들이 우리에게 해를 가하기에는 턱도 없다는 것을 기억하는 것도 유익하다.

여섯 번째 권고

지나친 수면 욕구에 대항하기 위한 치료제는 이런 욕구가 때로는 우리 몸이 잠을 정말로 필요로 하기 때문이라는 것을 염두에 두는 것이다. 이럴 경우, 이렇게 우리 육신이 필요로 하는 것을 거부하지 말아야 한다. 사실 육신 자체가 영혼에 필요한 것을 가로막지 않기 때문이다. 그리고 어떤 경우에는 이런 욕구가 좋지 않은 건강 상태에서도 오기 때문이다. 이럴 경우, 그게 잘못이 아니니 누구도 이것 때문에 괴로워하지 말아야 한다. 그렇다고 해서 자신이 할 수 있는 것을 묵묵히 실행하지도 않은 채 그 욕구에 걸려 넘어져서도 안 된다. 이렇게 되면 기도하는 자세를 전적으로 잃게 되고, 기도하지 못하면 이 삶에서의 안전이나 참된 기쁨도 있을 수 없기 때문이다. 마지막으로, 잠자고 싶어 하는 경향이 때로는 우리의 게으름에서 오기도 하고, 이 게으름에 의지하게 하는 악마의 꾐에서 오기도 한다. 이럴 때의 치료제는 단식하거나, 포도주를 마시지 않고 물을 적게 마시는 것이고, 때로는 무릎을 꿇거나 서서 기도할 수도 있으며, 훈련의 차원에서 팔을 올린 채 기도하거나 육신을 찔러서 잠을 깨게 하는 금욕적인 행위를 하면서 기도하는 것도 도움이 될 수 있다(『성 이냐시오의 영신 수련』: 「부록」 참조).[3]

---

[3] 휴식을 취할 시간이 별로 없는 복잡한 상황 속에 있는 사람들은 카페인 음료나 알코올음료를 절제하는 것도 이런 유혹을 이기는 데 도움이 된다. 덧붙여서, 적절하고 규칙적인 육체 운동뿐 아니라 전반적으로 건강에 좋은 다이어트와 과식을 피하는 것도 잠을 적게 자는 데 도움이 된다. 그리고 요즘의 의학 상식으로는 많은 양의 물(적어도 여러 잔)을 마시는 것도 좋다고 한다. ― 편집자 주.

마지막으로, 이 유혹뿐 아니라 다른 모든 악에 대항하는 한 가지 종합적인 치료제는 하느님께 이런 유혹에 벗어나게 해 달라고 항구하게 청하는 것이다. 그분은 언제나 변함없이, 끈기 있게 청할 줄 아는 이들에게 주고자 하시는 분이시기 때문이다.

일곱 번째 권고

불신과 자신에 대해 주제넘게 평가하려는 유혹에 대해서 보자. 이 정반대되는 두 개의 악은 본래 다른 치료제가 적용되어야 한다. 불신에 대한 치료제는 이 수련 과정에서 성공 여부가 자신의 노력에만 달려 있지 않고 하느님의 은총에 달려 있다는 것을 숙고하는 것이다. 이 은총은 사람이 자신의 힘에 대해서는 불신하면서도 모든 것이 가능하신 하느님의 유일한 선에 확신을 가지는 그만큼 더더욱 단단히 그 사람에게 보장되는 것이다.

주제넘음에 대한 치료제는 자신이 하느님께 가까이 있다고 자만하는 것이 가장 위험하다는 것을 기억하는 것이다. 즉, 이런 자만한 생각을 하는 것 자체가 실제로 하느님으로부터 멀어져 있다는 표시가 된다는 것이다. 이 여정에서 더 많은 경험을 쌓은 사람들일수록 자신들이 여전히 얼마나 많이 부족한지를 더 빨리 인정한다. 결과적으로, 이처럼 자만한 생각을 하는 이들은 자신들이 갈망하는 바와 비교할 때, 별로 진전을 이루지 못한 것이다. 성인들과 아직 살아 있는 다른 거룩한 인물들을 거울로 삼아라. 이 거울에 그대를 두고 그 거인들에 비해 그대가 난쟁이와 같다는 것을 생각하라. 그러면 그대는 더 이상 주제넘은 생각을 하지 않을 것이다.

여덟 번째 권고

학문과 지식에 대한 무절제한 갈망의 유혹에 대항하는 첫 번째 치료제는 거룩함 자체가 배우는 것보다 얼마나 더 훌륭한 것이고, 신적인 지혜가 인간의 지혜보다 얼마나 더 대단한 것인지를 생각함으로써, 후자보다는 전자를 얻기 위해 훨씬 더 많은 애를 써야 한다는 것을 알게 되는 것이다. 이 세상의 지혜와 영광 그리고 그 목표가 얼마나 큰지를 생각해 보라. 그런데 결국에 가서는 삶 자체처럼, 이 영광도 사라져가지 않는가? 대단한 노고를 들여 잠시밖에 누릴 수 없는 것을 획득하려는 것보다 더 가련한 것이 있을까? 그대의 지식이 아무리 엄청나다 하더라도 그것은 아무것도 아니다. 그러나 그대가 하느님 사랑을 위해 부단히 노력한다면 그대는 곧 그분을 뵙게 될 것이다. 그분을 뵙는 것은 모든 것을 보는 것이다. "심판의 날에 우리는 무엇을 읽었는지가 아니라 무엇을 행했는지에 대해 질문받을 것이다. 우리가 얼마나 설득력 있게 말했거나 설교를 했는지가 아니라 행함에 있어 얼마나 제대로 노력했는지를 질문받을 것이다"(『The Imitation of Christ』 Bk. 1, Ch. 3. 참조).

아홉 번째 권고

다른 이들의 선을 위해 일하고자 하는 무분별한 열정의 유혹에 대항하는 치료제는 선에 있어 많은 진보를 이룬 이웃과 우리 자신을 비교하지 않는 것이다. 이런 비교는 우리 자신의 안녕에 악영향을 끼친다. 우리는 다른 이들의 양심의 문제를 살피기보다는 우리 자신의 양심의 문제를 살피기 위해 시간을 할애하여야 한다. 이 시간은 우리 마음이 신실한 성찰과 묵상에 오랫동안 머물 수 있을 만큼 충분히 긴 시간이어야 한다. 이는, 사도가 말하듯이, "성령의 인도에 따라 살아가는 것"(갈라 5,16)이다. 다시 말해, 자기 자신 안에서보다는 하느님 안에서 살아가는 것이다. 여기에 우리 선의 모든 뿌리와 원리가 놓여 있기에, 우리 마음이 늘 침잠하고 신심 깊은 상태로 유지되도록 기도의 영(정신)을 넓고 심오하게 유지하는 데 우리의 모든 노력을 기울여야 한다. 그저 여느 기도나 성찰이 아닌 이 [심오한 기도 안에 머무는 영]만으로도 어느 정도 충분하지만, 이에 더하여 매우 통찰력이 있고 집중적인 기도의 영을 지닐 필요도 있다.

5장

기도에 전념하는 이들을 위해 꼭 필요한
몇 가지 권고들

　기도 생활에 있어 가장 고되고 어려운 것 중 하나는 어떻게 하느님께 방향을 돌리는지를 아는 것이고, 그분과의 친숙함을 향해 나아가는 것을 아는 것인데, 여기서 다른 길로 새는 것을 막아 줄 좋은 안내자가 없다면 이 여정에서의 진보는 없다고 보아야 한다. 그래서 이 시점에서 간략하게 몇 가지 안내를 해 줄 필요가 반드시 있다.

첫 번째 권고

　첫 번째는 이 수련 기간 중 우리 자신에게 제시해 주어야 할 목표와 관련이 있다. 우리는, 현인이 말하듯이, 하느님과의 관계 맺음이 매우 즐겁고 유쾌한 것이라는 점을 주목해야 한다(시편 31, 20 참조). 표현의 힘을 모두 넘어서는 이 감미로움에 사로잡힌 사람들은 하느님께 친밀하게 다가가고, 그들이 경험하는 엄청난 풍미 때문에 독서, 기도, 성사에의 빈번한 참여와 같은 온갖 종류의 영적 수련에 전념한다는 것은 알려진 사실이다. 여기에서 그들이 생각하는 주된 목적은 그들을 진보하게 하는 것으로서 그들이 갈망하는 이 놀라운 달콤함을 얻는 것이다. 그런데 여기에는 아주 광범위하게 퍼져 있고, 많은 이가 여기에 빠지곤 하는 커다란 오류가 있다. 우리 노력의 핵심적인 목표는 하느님을 사랑하고 하느님을 추구하는 것이어야 한다. 그런데도 이런 노력이 오히려 자신들을 사랑하고 자신들을 추구하는 것으로 끝나고 말 때가 많다. 이것은 철학자들이 추구하는 목표로서 자신들의 추론에 대해 스스로 만족하고 그 맛을 느끼는 그런 것이다. 어떤 박학한 저자가 말한다. "이것은 일종의 탐욕이고, 사치요 영적 욕심이라서 육감적인 것만큼이나 해로운 것이다"(Harphius, 『Theologia Mystica』, lib. 3. ch. 26 참조).

이 오류에서 더 해로운 것은, 앞서 얘기한 것에 버금가는 또 다른 악으로서, 각 사람이 하느님과 함께 하는 즐거움을 어느 정도까지 누리기에 적어도 그만큼의 완덕은 지닌 것이라고 상상하면서 이런 신심의 즐거움의 느낌에 따라 자기 자신과 다른 사람들을 판단하는 것이다. 이것은 완벽한 잘못이다.

이 두 가지의 오류에 맞서기 위해 일반적으로 적용될 수 있는 충고를 하고자 한다. 각 사람은 이 수련 전체와 영신 생활 전체의 목표가 하느님의 계명에 단순하게 순종하는 것이며, 그분의 거룩한 뜻을 실현하는 것이라는 점을 단호하고 분명하게 알아들어야 한다. 이를 성취하기 위해 우리는 자기 의지에 죽고, 여기에 반대되는 하느님의 의지에 우리를 온전히 맡겨 살아가야 한다.

그 위대한 승리는 하느님 쪽에서 주시는 은혜와 자애 없이는 성취되지 않는다. 그러므로 우리는 이 은혜들을 얻고 이 자애를 체험하여 우리의 이 노력이 성공을 거두기 위해 기도의 수련에 전념해야 한다. 우리가 앞서 말했듯이, 이런 관점에서 우리 앞에 놓인 이 목표를 견지한 채 기도 안에서 기쁨을 얻기 위해 기도하는 것은 지극히 타당한 일이다. 다음과 같은 다윗의 기도를 보면 그 역시 이것을 실천했던 사람이다. "당신 구원의 기쁨을 제게 돌려주시고 순종의 영으로 저를 받쳐 주소서"(시편 51,14). 사람이 이 목표를 제대로 인식하여 이 수련 과정에서 이것을 적용하게 될 때, 그는 그가 하느님으로부터 받은 즐거움에 의해서가 아니라 하느님의 뜻을 실행하고 자신의 의지를 떨쳐버리기 위해 인내하고 감수한 바로써 자기와 다른 이들의 진보 정도를 판단하고 헤아리는 법을 알게 될 것이다.

이것이 참으로 우리가 하는 모든 영적 독서와 기도의 목적이라는 것에 대해서는 성무일도나 Beati immaculati in via — "행복하여라, 그 길이 온전한 이들" — (시편 119)라고 알려진 시편보다 더 나은 증거가 없다. 이 시편은 166개의 절로 구성되어 있고, — 모든 시편 가운데서 가장 긴 시편 — 하느님의 뜻과 그분의 계명을 지키는 것에 대해 언급하지 않는 구절은 하나도 없다는 점이 참 중요하다. 성령께서는 우리 기도가 이렇게 바쳐지기를 바라시는데, 이는 우리가 이 목적을 이루기 위해 모든 기도와 묵상을 할 때, 전체적으로든 부분적으로든, 어떤 자세를 가져야 하는지를 배우게 하시려는 것이다. 이 목적이란 하느님의 법에 순종하고 그것을 준수하는 것이다. 여기서 벗어나게 되면 원수의 가장 교묘한 간계 중 하나로 떨어지고 말 것이다. 원수는 이 간계를 이용하여 사람이 사실 아무것도 아닌데도 무엇이라도 된 것같이 착각하게 한다.

그래서 성인들은 '사람을 위한 참된 시금석'은 그가 기도 안에서 경험하는 즐거움이 아니라 시련과 자기-부정, 하느님의 뜻을 실행함이라고 매우 지혜롭게 충고한다. 그리고 물론 여기에 의심의 여지없이 영적 위로가 주어진다는 것은 분명하다.

이 원칙에 따라 기도하면서 하느님께로 나아가는 수양에 진보를 어느 정도 이루었는지를 알아보고자 하는 사람은 스스로가 매일 내외적 겸손에 있어 얼마만큼 진보했는지를 자문해야 한다. 다른 이들이 나를 모욕하는 것을 어떻게 받아들였는가? 다른 이들의 약점을 용서하려는 준비는 얼마만큼 되어 있는가? 얼마나 재빨리 이웃의 궁핍을 도와 주는가? 다른 이들의 잘못에 대해 동정심을 품는가 아니면 분노를 품는가? 곤경의 때에 하느님을 신뢰하는 법을 아는가? 자신의 혀를 어떻게 통제하는가? 자신의 정감을 어떻게 지키는가? 자신의 몸, 즉 탐욕과 감각을 굴복시키는가? 일이 잘 풀려가는 때와 곤경의 때, 이 두 가지 정반대의 상황으로부터 영적인 유익을 끌어내는 법을 어느 정도까지 아는가? 자신을 어떻게 통제하고, 삶의 모든 상황에서 어떤 태도를 갖고 있는가? 진지하고 신중한 편인가? 무엇보다도 세상의 영예와 쾌락에 대해 어느 정도 죽었는지 얘기해 보라.

사람이 진보했는지 아니면 퇴보했는지를 판단할 때, 자기가 기도 안에서 느끼거나 느끼지 않은 것을 보고 판단하는 것이 아니라, 바로 이런 방식으로 판단해 보아야 한다. 그러므로 한쪽 눈은 자신의 금욕적인 부분을 살펴보는 데 사용하고, 다른 한쪽 눈은 자신의 기도 쪽을 살펴보는 데 사용해야 한다. 금욕적인 부분이 더 중요하긴 하지만 금욕 역시도 기도의 도움 없이는 완전히 보장될 수 없기 때문이다.

두 번째 권고

우리는 그저 단순히 기도 안에서 안주하기 위해서가 아니라 거기로부터 생겨나는 유익함 때문에 위로와 영적인 기쁨을 갈망해야 한다. 그리고 누구도 환시와 계시 탈혼 등을 바라지 말아야 한다. 이런 것들은 겸손한 이에게서는 발견되지 않는 참으로 위험한 것들이다. 게다가 누구도 하느님의 뜻을 거스를까 봐 두려워하지도 마라. 그분께서 뭔가를 드러내고자 하실 때 어떤 식으로 하실지를 다 아신다. 사람이 자신을 더 많이 숨기고자 하면 할수록 하느님께서는 그에게 하실 말씀을 더 많이 찾아내신다. 그 정도다 보니, 우리가 아무리 자신을 숨기기를 원한다 해도 그럴 수 없는 것이다.

세 번째 권고

비슷한 것인데, 우리는 주님께서 우리에게 내려 주신 은혜와 선물들을 감추어야 한다는 것을 꼭 귀담아들어야 한다. 물론 영신 지도자에게는 예외이다. 그래서 성 베르나르도는 자신의 기도 방에 다음과 같은 말을 써 놓아야 한다고 말한 것이다. "나의 비밀은 나에게만. 나의 비밀은 나에게만"(Sermon 23, 『Super Cantica』: Isaias 24,16).

네 번째 권고

또 귀담아들어야 할 것은 크나큰 겸손과 할 수 있는 한 가장 깊은 존경심으로 하느님을 대해야 한다는 것이다. 영혼이 하느님의 은혜로 아무리 풍요로워진다 해도 그 영혼은 자신의 부당함을 숙고하고, 날개를 접어 그 위대한 임금 앞에 자신을 낮추기 위해 자신을 향해 시선을 두는 것을 절대 중단해서는 안 된다. 성 아우구스티누스는 이를 잘 실천한 사람이다. 그에 대해 이런 말이 전해진다. "하느님 면전에서 두려워하면서도 즐기는 법을 배웠다."

다섯 번째 권고

하느님의 종이 기도에 전념하기 위한 시간을 따로 정해 놓아야 한다는 것에 대해서는 이미 얘기한 바 있다. 이와 같은 매일의 일상 수련에 덧붙여서 때때로 그것이 아무리 거룩한 것이라 하더라도 온갖 종류의 할 일에서 벗어나야 한다. 이는 영신 수련에 온전히 집중해서 영혼에 자양분을 주기 위한 것이다. 그래서 일상의 잘못들에 의해 상실된 것이 있다면 이를 회복해야 하는데, 여기에 더 큰 진보를 위한 새로운 힘이 요구된다. 이는 어느 때건 이루어져야 하지만, 특별히 한 해의 주요 축제들이 있을 때와 시련과 고난이 있는 시기들, 혹은 마음이 산란해지고 탕진된 오랜 기간의 여행이나 힘이 많이 빠지는 일을 하고 난 후에 묵상을 통해 마음을 새롭게 추스르기 위해 하는 것이 좋다.

여섯 번째 권고

　　하느님을 향한 신심의 수련을 함에 있어, 모든 것이 부드럽게 잘 되어 갈 때 있어야 할 신중함이 부족함을 보이는 사람들도 있다. 이런 이들에게는 잘 되어가는 시기 자체가 위험한 때다. 모르긴 몰라도 그들에게 은총이 넘쳐나게 너무 많이 내린 것이다. 그들은 주님과의 관계 맺음이 너무도 감미롭다는 것을 알아 기도에 완전히 전념하면서 그 시간을 늘려가고 주의를 더 기울여 육신의 금욕을 더 실천하지만, 본성 자체가 이렇게 계속되는 버거운 짐을 질 힘이 없어 한꺼번에 쓰러지고 마는 것이다. 이런 상태에서 종종 하나의 반응이 나온다. 그들은 육체적인 일뿐 아니라 기도의 수련 그 자체마저도 자신에게 적절하지 않다고 여기고 자포자기한 상태로 살아 머리는 희미해지고 배만 과도하게 채우게 된다.

　　그래서 특별히 이 수련을 시작하는 때, 즉 열정과 위로는 크지만, 경험과 신중함이 미약한 시기에는 용의주도함이 대단히 필요하다. 이렇게 하는 것은 이 여정을 거창하게 시작하고는 중도에 쓰러지고 마는 우를 범하지 않기 위해서이다.

하지만 이와는 반대의 극단도 있다. 즉, 신중함을 명목으로 모든 육체적 노력은 멀리하고 방종의 극단 쪽에 있는 것이다. 이는 모든 이에게 위험하지만, 특히 초보자들에게는 더 위험하다. 성 베르나르도는 말한다. "만일 수련자가 벌써부터 신중함이 과도하면 수도생활에 항구할 수 없다"(「하느님 산의 형제들에게 보낸 편지」 — 「Epistle: Ad Fratres de Monte Dei」). 이런 이는 초보자로서 수도생활을 하기에는 아직 젊은데도 현명함을 구하고 마치 노인처럼 자신의 건강에 주의를 기울이는 사람이다.

이 두 가지 극단 중에서 어떤 것이 더 위험스러운지를 말하기는 쉽지 않지만, 게르손Gerson은 신중하지 않은 것(경솔함)이 치유하기 더 힘들다는 점을 현명하게 지적한다. 육체가 건강할 때는 적어도 치료제를 적용할 기회가 있지만, 경솔함이 육신을 쓰러트리고 나면 그 악은 회복의 가능성을 잃게 된다.

일곱 번째 권고

이 수련 과정 가운데는 또 다른 위험이 도사리고 있다. 그리고 이것은 앞서 언급한 것들보다 더 큰 위험일지도 모른다. 많은 사람이 때때로 헤아릴 수 없을 만큼의 중요하게 기도의 가치를 체험하면서, 영신 생활의 전체 구도가 어느 정도로 기도에 좌지우지되는지를 알긴 하는데, 오로지 기도가 전부이고 기도 하나만으로 구원을 보장하기에 충분하다고 상상하는 지경에 이르기도 한다. 그래서 이런 이들은 다른 덕들에 대해서는 잊어버리고 다른 모든 것에 무관심해진다. 사실 기도는 이 기초 위에 세워지는 것인데, 이 기초가 허술해지면 건물 전체가 무너지고 마는 상황이 벌어지고, 그것을 다시 세우고자 노력하면 할수록, 점점 더 성공할 가능성은 적어진다.

그래서 하느님의 종은 그것이 아무리 큰 것이라도 한 가지 덕에만 주의를 기울여서는 안 되고, 모든 덕에 한꺼번에 주의를 기울여야 한다. 바이올린의 줄 한 개가 화음을 내지 못할 때 다른 줄들이 다 화음을 만든다 해도 소용이 없는 것처럼, 다른 덕들이 함께하지 않는 한 덕 하나로서는 영적 조화를 이루는 데 충분하지 않다. 외투에 난 구멍 하나가 옷 전체를 버리는 것과 마찬가지로 하나의 덕만 문제가 되어도 영적인 삶 전체가 문제가 되는 것이다.

여덟 번째 권고

이제 지금까지 우리가 신심을 도와 주는 것들로서 제시한 모든 것이 그저 준비 차원에 그치는 것임을 얘기해야 한다. 이 준비를 통해 사람이 하느님의 은총에 자신을 내어 맡길 마음을 갖게 된다. 그는 참으로 근면하게 이 모든 준비를 해야 하지만 이 수단들이 아니라 오직 하느님께 신뢰를 두어야만 한다. 내가 이렇게 말하는 이유는 이 모든 외적인 규칙과 권고에 따라 규칙적인 기도와 수련의 계획을 세우는 사람들이 있기 때문이다. 그들은 장사를 배우는 것과 같이, 정해진 규칙들을 주의 깊게 따르는 사람이 결과적으로 좋은 결과를 얻게 된다고 생각한다. 그래서 그들은 자기들이 정해진 규정들을 잘 따르기만 하면 원하는 바를 쉽게 얻을 수 있다고 생각하는 것이다. 그러나 이런 이들은 여기서 은총의 작용을 보지 못하고, 규칙과 인간이 고안해 낸 계획들이 주님 자비로부터 우리에게 오는 순수한 선물로 보지 못한다.

결과적으로 이 일을 은총의 업적이 아닌 그저 인간의 노력으로 돌리려고 생각하는 것은 잘못된 것이다. 이렇게 볼 때, 이런 주요 수단들은 우리의 비참함을 인정하는 것에서 나오는 큰 겸손으로 사용해야 한다. 이 이중의 원천, 즉 우리의 비참함과 겸손은 우리로 하여금 항상 끊임없는 눈물을 흘리며 기도를 드리게 한다. 이렇게 해서 겸손의 문턱을 넘어서며, 이 겸손으로써 그 사람은 기도에 항구하고, 또 이 겸손으로써 기도 안에서 즐거움을 얻으며, 자기 수련의 방법이나 자기의 것이라고 할 수 있는 어떤 것에도 조금도 확신을 두지 않게 된다.

우리 주님을 섬기기 시작한 이들을 위한
간략한 지침

　　모든 인간 예술이 기본적인 원칙을 지니고 있듯이, 예술 중의 예술이요 우리 삶의 목표 전체인 하느님을 향해 나아가는 이 과정도 마찬가지로 기본적인 원칙을 갖고 있다. 즉 글을 배우기 시작하는 이에게는 ABC… 가 바로 그런 것이다. 그래서 이 과정에 입문하고자 하는 이들을 위해 이런 원칙들을 간략하게 설명해 주는 것은 바람직한 일이다. 어떤 것에서도 마찬가지지만, 첫 번째 단계는 비교적 쉽다. 그래서 이 과정도 마찬가지로 젖과 같이 부드러운 영적 음식, 즉 소화에 부담이 되지 않는 음식으로 이 수련의 과정을 시작하는 것이 현명하다. 물고기가 물에서만 살 듯이, 내적인 삶은 오직 영신의 수련에 의해서만 유지될 수 있다.

　　먼저 해야 할 일은, 하느님을 섬기고 세속적인 삶을 포기하기로 마음을 먹는 것이다. 그러고 나서 이 목적을 위해 지난날 저지른 모든 죄를 총괄하여 고해성사(총-고해성사)를 보는 것이다. 이러한 목표를 달성하기 위해 그는 지난날 삶의 여러 단계를 되돌아보기 위해 며칠 정도 시간을 내야 한다. 이때 그는 하느님의 법으로 주어진 계명들이 무언지 생각해 보고 마음의 슬픔과 고뇌로써 자기가 하느님과 이웃과 자기 자신을 거슬러 말하거나 행했거나 생각했던 것들을 성찰해 보아야 한다. 그런 다음 그는 자기에게 맞는 고해 사제에게 고해성사를 보러 간다. 이때 기억이 가물가물해질지도 모르니 필요하다면 미리 내용을 적기 위해 펜과 빈 종이를 준비해 가는 것도 좋다. 좋은 영신 지도자라면 고해자에게 어떻게 양심을 성찰할지를 가르쳐주어 고해자가 잘 준비된 상태에서 고해성사를 보게 해야 한다. 총-고해성사든 일반 고해성사든 마찬가지로 성찰한 내용은 상세해야 한다. 이것에 대해 충고와 안내가 없다면 자신을 잘 성찰하여 고해성사를 보고, 이를 통해 좋은 열매를 맺기가 쉽지 않다.

두 번째로 해야 하는 것은 위에서 전체적으로 제시해 준 묵상을 시작하는 것인데, 특별히 이 단계에 적용하기에 더 쉬운 것으로서 첫 번째 주에 해야 할 묵상을 시작하는 것이다. 그것은, 이미 앞에서 얘기했듯이, 우리 마음이 죄에 대해 슬퍼하고 그것을 싫어하며, 하느님에 대한 경외심을 갖고 세상에 대해 경멸하도록 하는 데 집중하는 것이다. 이때가 바로 지도자에게는 기도와 묵상의 방법을 설명해 주고 이미 제시해 준 방식들을 하나하나 알려 주기에 가장 적절한 시간이다. 지도는 기도의 자양분을 제공해 주는 데 있어 매우 세부적이고 정확해야 하며, 그 지침들을 설명해 주는 법을 알아야 한다. 그래서 훌륭한 스승의 지도하에 제자는 가르쳐 준 내용을 잘 수행하게 될 것이다.

    세 번째는 제자가 성체를 영하기에 앞서 크나큰 존경심과 신심을 갖고 하루나 며칠간을 준비하여 어떤 경외심과 떨리는 마음으로 성체 앞에 다가가야 할지, 신심을 어떤 식으로 지녀야 할지, 그리고 마지막으로는 자신이 받아 모실 주님을 끌어안기 위해 자신을 어떻게 성찰해야 할지에 대해서 가르침을 받는 것이다. 주님을 모실 때는 주님 발 앞에 엎디어 이렇게 찾아와 주시어 이런 큰 은혜를 베풀어주심에 감사드려야 한다. 그는 그날과 그 전날 자신이 얼마나 침잠과 고요함을 유지해야 할지를 알고, 이 신비에 걸맞게 자신을 더 잘 준비하기 위해 어떤 종류의 독서와 묵상과 기도를 해야 할지를 알아야 한다.

    네 번째는 사람이 어느 곳에서나 어떤 일을 하더라도 늘 자기가 처신해야 할 태도를 가르치는 것이다. 명료하게 깨어 있는 자세와 이에 어울리는 자세로 식탁에서 음식을 먹어야 하고, 미사에 참여하고 거룩한 성체를 받아 모실 때 크나큰 신심과 존경심을 가져야 하며, 큰 존경심을 갖고 성무일도에 참여해야 하는데, 이를 위해 미리 기도하며 마음의 성찰을 하여야 하고, 성무일도를 하는 중에는 온갖 종류의 쓸데없는 상상을 물리치려고 온 힘을 다해 노력해야 한다. 우리가 이런 쓸데없는 상상 속에 있을 때 다른 어느 때보다도 원수가 더 혹독하게 우리를 공격해 오기 때문이다.

새롭게 시작하는 사람에게 가르쳐주어야 할 것이 또 있는데, 그것은 자신의 모든 움직임을 자제하는 법이다. 눈을 조심하고, 말을 삼가며, 웃음을 절제하고, 장상 앞에서 겸손하며, 아랫사람에게 친절하고, 동료들에게 예의 바르며, 가난한 이들에게 큰 동정심을 지니고, 병자들에게 연민을 품고, 무엇이든 성급하거나 사려 깊지 못한 행동을 하지 않는 것 등이다.

또한 하느님 현존 안에서 걸어가는 법을 가르쳐라. 그분을 자기의 삶에 대한 심판자요 증거자로서 늘 자기 눈앞에 계신 분으로 여겨, 마치 바로 앞에 현존하시는 그분을 보듯이 모든 일에서 그가 할 수 있는 한 많은 시간을 드리고 신심 깊은 관심을 그분께 보여드리게 하라.

그런 다음, 항상 자기 마음 안에 머물며 숨어 있듯이 살아가는 법을 가르쳐라. 늘, 그리고 모든 곳에서 어떤 일을 하든, 그는 자신의 정신을 빼내어 간단한 기도를 바치며 마치 그 시간이 그렇게 하는 때인 듯이 그가 보고 듣는 모든 것을 이용하여 정신을 하느님께 들어 높여야 한다. 이는 벌들이 모든 꽃에서 꿀을 만들기 위한 재료를 적어도 조금이라도 가져오는 것과 같이 행동하는 것이다. 특별히, 성 바르톨로메오의 모범을 따라 낮이건 밤이건 무릎을 꿇거나 서서, 아니면 다른 어떤 경건한 자세로 손을 모으고 하느님께 기도를 올리면서 자기의 바람을 다 해 주님께 자신을 봉헌하며 그분의 사랑과 은총을 청하는 것은 매우 찬양할 만한 습관이다. 심지어는 신경을 한 번 바치는 것보다 짧은 시간이라도 괜찮다. 이와 같은 경건한 실천을 많이 할수록 상상할 수 있는 것보다 더 많은 유익을 보게 될 것이다. 이렇게 하면 신심과 하느님 사랑의 핵심이라고 할 수 있는 사려 깊은 마음과 신심에 찬 기도로써 제단 위의 불이 계속 타오르게 해 준다. 때로는 정신이 헤맬 수도 있는데, 이럴 때는 정신을 가다듬고 본래의 지향점으로 돌아가게 해야 한다. 그렇지만 이때에도, 일반적인 현상이지만, 걱정이 앞서서는 안 된다. 오히려 사랑을 지니고 경건하게 해야 한다. 성인들에 말하는 대로 이 모든 부주의는 사라지게 마련이고 하느님의 거룩한 사랑에 의해 불살라져 버리기 때문이다. 그러니 자신에게로 주의를 돌려 부드럽게 자신을 책망하며 이렇게 말하라. "오, 예수님, 제가 어디에 갔다 왔는지 모르겠습니다. 제가 당신을 떠나다니 어찌 된 일입니까? 오, 나의 영혼이여, 그대는 시들어버렸구나. 그리고 그대는 정신이 산만해지고 열정은 미지근해진 것 외에 무엇을 얻었는가? 영혼이여, 알아라. 우리 주님께서는 침잠하는 이들과 함께 하시고, 자기 마음 안에 고요히 머물지 못하고 떠도는 이들로부터는 떠나가신다는 사실을."

사람은 자기가 할 수 있는 한 최선을 다해 늘 침잠하기 위해 노력해야 하지만, 특별히 아침에 잠에서 깨어날 때 정신이 거하는 집을 주님께 대한 기억으로 채우고 즉각 그날의 첫 번째 열매를 그분께 봉헌하면서 온갖 종류의 세상적인 생각들로부터 문을 닫아 걸어야 한다. 이를 위해 세 가지 중요한 것을 할 수 있다. 첫째, 숨어 있던 원수가 우리 상상을 흔들어 놓지 않고 큰 탈 없이 고요한 밤을 선물로 주신 데 대해 감사를 드리고, 그다음, 세상을 창조해 주시고 보존해 주시며 성소를 주시고 구원을 주심 등과 같은 다른 모든 것에 대해 감사들 드리는 것이다. 둘째, 방금 맞이한 새 날에 있을 모든 행위와 고통, 그리고 노고를 봉헌하는 것이다. 하루 동안 몸과 마음을 바쁘게 할 다양한 과제와 임무들, 그리고 마지막으로 그가 가진 모든 것과 더불어 자신을 봉헌함으로써 하느님께 영광을 드리되, 모든 것이 바로 그분의 것인 만큼 그 모든 것을 전적으로 하느님의 뜻에 따라 처리하는 것이다. 셋째, 그날 그분 엄위에 해가 되는 것은 어떤 것이든 하지 않게 해 달라고 청하는 것인데, 특별히 강한 결심으로 주의를 다해 우리 자신을 무장하여 우리에게 가장 큰 유혹이 되는 악에 대항할 은혜를 청하는 것이다. 그런 다음, 주님의 기도와 성모송을 차근차근 경건하게 외워라.

저녁에는 잠자리에 들기 전에 자신을 판단해 보고 그날 자기가 하느님을 거슬러 한 행동이나 말 혹은 생각을 헤아려 보고, 그분을 섬기는 일에 소홀했던 부분과 미지근했던 부분, 그리고 그분을 잊었던 상황에 대해서 성찰하라. 그러고 나서 고백의 기도를 바치고 주님의 기도와 성모송을 바쳐라. 그리고 그대가 한 악에 대해 용서를 구하고, 이를 시정할 은총을 청하라.

잠자리에서는 그대가 무덤에 있다고 생각하고 누워서, 그때 그대의 몸이 어떤 모습일지를 잠시 생각해 보라. 그리고 그대를 죽은 사람으로 생각하고 그대를 위해 응송 혹은 주님의 기도와 성모송을 바쳐라. 잠자는 동안 잠이 깬다면 그때마다 영광송이나 '우리 구세주 예수님' 혹은 그와 비슷한 기도를 바쳐라. 그리고 시간을 알리는 종소리를 들을 때마다 다음의 기도를 바쳐라. "나의 주님 예수 그리스도께서 탄생하시고 돌아가신 시간을 축복하소서. 오, 주님, 제가 죽을 때에 저를 기억해 주소서." 그런 다음, 그대의 삶이 한 시간 줄어들었고, 이렇게 조금씩 조금씩 이 삶의 여정의 마지막이 가까워지고 있다는 것을 생각하라.

식탁에 있을 때는 하느님께서 어떻게 그대에게 먹을 것을 주셨고 당신을 섬기도록 그 모든 것을 만드셨다는 것을 생각하라. 그대에게 제공해 주시는 음식에 대해 감사드리고, 그대의 음식은 풍성하지만, 이 음식이 부족한 이들이 얼마나 있는지 성찰해 보고, 그대에게는 이 음식이 쉽게 제공되었지만, 수많은 위험과 노고를 통해 겨우 음식을 얻는 다른 이들을 생각해 보라.

원수의 유혹이 있을 때 가장 훌륭한 치료제는 서둘러 십자가가 있는 곳으로 가서, 거기에 온몸은 선혈이 낭자하고 찢긴 상처 투성이요 몰골은 말이 아닌 모습으로 달려계신 그리스도를 바라보는 것이다. 그런 다음, 그분이 죄를 물리치시기 위해 거기에 달려계신다는 사실을 기억하고, 신심을 다해 다시는 가증스러운 죄를 범하지 않게 해 달라고 청하고, 그분이 엄청난 고통을 겪으시면서까지 우리 마음을 차지하려 하신 그 목적을 살아갈 수 있게 해 달라고 청하라. 그런 다음, 그분께 사랑의 마음을 다해 이렇게 기도하여라. "오, 주님, 당신께서는 제가 죄를 짓지 않게 하시려고 이 지경까지 이르셨으나, 저를 죄로부터 지켜 주시는 것만으로는 충분치 않습니다! 오, 주님, 오, 저의 하느님, 당신의 그 거룩한 상처들로 인해 저를 버리지 마시옵소서. 저는 저를 치유해 줄 더 나은 피난처가 없다는 것을 알기에 당신께 왔나이다. 당신께서 저를 버리신다면 제가 어떻게 되겠습니까? 저는 시들어 말라 버리고 말 것입니다. 오, 주 저의 하느님, 저를 도와 주시고, 이 악한 용으로부터 저를 지켜 주소서. 당신 없이 저는 아무것도 할 수 없나이다."

무의식적으로 해도 상관이 없으니 할 수만 있다면 가슴에 십자 성호를 종종 긋는 것은 매우 훌륭한 기도다. 이처럼, 낮 동안은 유혹 자체가 그대의 마음을 하느님께로 들어 높여 더 큰 영광의 관을 받게 하는 기회가 될 것이다. "양털을 걸치고" 온 악마는 그대가 이런 기도들을 바칠 때 양털이 벗겨진 모습으로 돌아갈 것이다.

그리스도인 독자여, 이런 것이 초보자를 위한 젖이다. 이제, 이 모든 영적 가르침에 대한 요약이 나올 것이다.

짧은 시간에 많은 진보를 이루기를 바라는 사람이 실천해야 할 세 가지 지침

우리 주님의 은총에 의해 짧은 시간에 유익한 것을 많이 얻고자 하는 사람은 다음의 세 가지를 열망해야 한다.

첫째는 육신의 금욕과 고행이다. 먹고 마시는 데 있어서와 의복, 잠자리 등과 같은 것에서의 절제와 거칠고 가혹한 것을 참아내는 것이 필요하다. 무릎을 꿇거나 꼿꼿이 서서, 혹은 엎드리거나 팔을 들어 올린 채 기도하라. 고행을 실천하고, 거친 옷을 입고 단식하라. 그리고 무엇보다 기도하면서 경건한 자세를 유지하라. 기꺼이 몸에 고행을 가하고 이기심을 멀리함으로써 영혼의 유익을 구하되, 몸에 상처를 입히지는 말아야 한다. 이런 것들과 관련해서 영적 지도자에게 조언을 구하고, 영적 지도자가 없다면 영적으로 뛰어나고 겸허하며 모범적인 명성이 있는 사람을 찾아라. 매우 적은 이들이 이 거룩한 삶을 이해할 수 있고, 그것도 그들이 이 수련을 하는 정도까지만 이해할 수 있으므로, 이런 외적인 수련이 실패로 돌아가면 최대한 신중하게 할 수 있는 만큼만 실천하고,

그 나머지는 주님께 의탁해야지, 육신이 분별하는 것을 따르지 말아야 한다. 하느님으로부터 은혜를 받는 사람은 이것저것 차례로 시험을 해 보며 신중하게 시작해야 한다. 경험과 마찬가지로 기도와 순수한 지향은 해야 할 바를 분명히 할 때 그 의미가 실현된다.

두 번째 것은 다음과 같은데, 이는 더 중요하다. 자기 자신에 대한 내적인 극기에 열중하는 것이다. 특별히 욕망과 육적인 경향을 누르고, 하느님의 뜻과 순종을 약속한 장상 혹은 (있을 경우) 영적 지도자의 뜻을 실현하기 위해 자신의 의지를 포기하라. 기회가 닿는 대로 내외적인 덕을 쌓기 위한 수양에 열중하고 이웃과 우리 자신을 향한 사랑의 의무를 다하라. 이는 주님께서 강요가 아니라 우리 내면으로부터 우리를 초대하시는 바이다.

세 번째 것은 기도에 끊임없이 열중하는 것이다. 우리 주님의 은총의 도움이 없이는 우리 육신을 십자가에 못 박는 것이 불가능하고, 더욱이 내적인 극기와 자기-포기, 그리고 덕을 쌓기 위한 수양은 더 불가능하기 때문이다. 이런 것들은 우리 본능 너머에 있는 것이다. 그분에게는 우리 내면에서 우리 본성을 제어하기가 매우 쉬우므로, 우리가 청하기만 하면 그분은 즉각적으로 우리에게 도움을 주실 것이다. 우리는 너무 빈약하고 이런 노고에 쏟을 에너지가 없지만, 우리가 하늘의 선물로 부유해지게 되면 우리에게 은혜를 내려 주시기를 절대 중단하지 않으실 하느님께 그런 은혜들을 반드시 청해야 하고, 우리 쪽에서는 이런 간구함을 절대 중단하지 말아야 한다. 이런 선물로 사람을 풍요롭게 해 주시고, 무엇보다도 특별한 은총으로 하느님을 소유하게 되는 사람은 기도를 위해 미리 시간을 정해 놓아야 한다. 이는 이미 얘기한 대로, 그는 때때로 기도 시간을 더 길게 가져야 하고, 항상 우리 주님의 현존 안에서 걸어야 한다.

이게 바로 하느님의 종이 자기 자신의 희생 제사를 아주 순수하고 아주 완벽하게 봉헌하기를 원한다면 반드시 지켜야 할 세 가지 원칙들이다. 사람은 이 세 가지 점들을 견지할 때 모든 면에서, 즉 영혼과 정신과 육신에 있어 참으로 전적인 쇄신을 이루게 된다. 단식과 육체의 금욕을 통해 육신이 성화되고, 정신의 극기와 정신의 모든 경향의 부정을 통해서는 정신이 성화된다. 한 편으로 기도와 관상을 통해서는 영혼이 완덕을 향해 진보해 가며, 하느님과 결합하여 그분과 하나 되는데, 이것이 바로 영혼의 궁극적 완덕인 것이다.

그러나 이 희생 제사를 완성하기 위해서는 두 가지가 아직 부족하다는 것을 지적해야 한다. 육신은 감각을 갖고 있고, 정신은 상상력과 사고력을 지니고 있기 때문이다. 그러므로 위에서 언급한 세 가지 점들에다 두 가지를 덧붙여야 할 것이다. 즉, 육신의 감각을 잘 지키는 것 ― 눈과 귀, 그리고 무엇보다 모든 감각의 열쇠인 혀 ― 이 첫 번째 것이고, 두 번째 것은 마음 혹은 상상력을 잘 지키는 것으로서, 이것이 여기저기 마음 내키는 대로 돌아다니지 않고, 그 마음이 늘 거룩한 생각과 사려 깊은 상태에 머물게 하는 것이다. 성 베르나르도는 "신심 깊은 사람이 자신의 상상력을 잘 절제하고 침잠하는 가운데 있지 않다면, 자기 정감을 억제하는 것만으로는 충분하지 않다"고 말한다(『De Deo orando』).

   이 모든 것을 간단하게 정리해 보자면, 사람의 마음은 죄에서 벗어나 있어도, 땅이 열매를 잘 맺는지를 알아보듯이, 이 수련이 잘되고 있는지를 알아보아야 하고, 이를 위해 어떤 도움이 필요하다는 것으로 분명하게 이해되어야 한다. 땅에는 두 가지 요소가 필요하다는 것을 우리는 안다. 위에서 내려오는 비와 이슬, 그리고 인간 쪽에서의 노동과 경작이 그것이다. 이 두 가지가 없다면 땅은 그저 들장미와 가시덤불만 생산해 낼 수 있다. 그래서 우리도 죄의 결과로 사도가 말하는 대로 그저 그런 가시덤불만 생산해 낼 수 있다는 것을 알아야만 한다. "육의 행실은 자명합니다. 그것은 곧 불륜, 더러움, 방탕, 우상 숭배, 마술, 적개심, 분쟁, 시기, 격분, 이기심, 분열, 분파 …그밖에 이와 비슷한 것입니다"(갈라 5,19-

20). 그러나 만일 우리가 영원한 생명의 열매를 얻기를 원한다면 하늘로부터 내려오는 물과 이슬과 더불어 열심히 땀 흘려 일해야만 한다. 마음의 수양과 관련해서는, 육신의 극기, 즉 감각의 보호, 정욕의 절제와 상상에 대한 경계가 실천해야 할 것들이다. 이는 땅을 경작하는 것에 맞먹는 영적인 노력을 의미한다. 하늘로부터 내려오는 비와 이슬에 해당되는 것은 성사들과 기도다. 성사들은 하늘로부터 내려오는 물, 즉 은총을 보증해 주는 것이고, 기도하는 것은 이 은총을 청하는 것이며 그 기도에 대한 보상으로 은총을 얻는 것이다. 이처럼 하느님 은총의 중재와 인간의 노력으로 좋지 않은 땅이 축복의 열매를 맺게 되는 것이다. 물론 우리 땅 자체에 은총이 결핍되어 있지 않다는 것을 늘 전제해야만 한다. 왜냐하면, 모든 좋은 것은, 오직 하느님으로부터만 오기 때문이다.

요약하자면, 참되고 완전한 그리스도인의 생명은 모두 끊임없는 기도와 일(노력)이 어우러져야만 한다. 이 여정을 위해 우리는 두 개의 다리가 꼭 필요하다. 하나는 노동(노력)이고 다른 하나의 다리는 기도다. 그래서 사람은 하느님께 신뢰를 두어야 하고, 또 그 사랑에 대한 항구한 믿음 안에서 열심히 일해야 한다. 하지만, 한 편으로 하느님께 바보 같은 신뢰만 둔 채 잠에 빠져들어서도 안 되고, 다른 한 편으로는 자신의 노력에 지나치게 의지하여

(펠라지우스 이단자들처럼) 거룩한 은총의 가치를 하찮게 여겨서도 안 된다. 오히려 다음의 격언을 따르도록 하여라. "하늘은 스스로 돕는 자를 돕는다."

그렇기에, 그리스도인 삶은 정말로 하나의 기나긴 십자가의 길이자 기도의 여정 이외에 다른 것이 아니라는 것을 쉽게 알 수 있다. 내가 "십자가"라고 말할 때, 그것은 사람이 지닌 힘 전부라고 이해하여라. 사람은 죄로 인해 모두 불구가 되었으므로 모든 이에게는 온전하게 되기 위한 수술이 필요하기 때문이다. 이처럼 육신을 위해서는 하나의 십자가가 필요하고 눈을 위해서는 또 다른 십자가가 필요하다. 하나는 귀를 위해 필요하고, 다른 하나는 혀를 위해 필요하다. 하나는 정감과 육적인 욕구를 위해 필요하고, 다른 하나는 상상력을 위해 필요하다. 이 모든 십자가는 반드시 필요한 것이다. 이것이 바로 우리 영혼이 첫 번째 아담의 생명에 대해서는 죽고 두 번째 아담의 생명으로 살기 위해 선택하고 끌어안아야 할 고통과 죽음이다. 이 십자가 없다면 우리 기도는 그저 오류에 더 깊이 빠질 뿐 아무런 가치도 없게 된다. 또 기도 없이는 우리의 투지도 전혀 부질없게 된다. 기도하지 않는 우리의 투지는 지속될 수 없고, 또한 투지가 없는 기도 역시도 열매를 전혀 맺지 못하기 때문이다.

우리는 이 두 가지 조건을 채울 때 하느님의 살아 있는 성전이 될 것이다. 그분께는 두 개의 성소聖所(sanctuary)가 있다. 하나는 "희생"의 성소(2역대 7,12)요, 다른 하나는 "기도"의 성소(루카 19,46 참조)다. 이 두 가지로써 우리는 기도의 감미로움과 극기의 쓰라림의 비탈진 길을 올라 "몰약(myrrh)의 산과 유향의 언덕"(아가 4,6)으로 가게 될 것이다.

영혼의 평화
(PAX ANIMAE)

....

"나는 너희에게 평화를 남기고 간다.

내 평화를 너희에게 준다.

내가 주는 평화는 세상이 주는 평화와 같지 않다.

너희 마음이 산란해지는 일도, 겁을 내는 일도 없도록 하여라."

― 요한 14장 27절 ―

번역자의 소개 글

영혼의 평화: 저자에 대한 질문[1]

영국에서는 적지 않은 독자들이 이미 『Pax Animae』(영혼의 평화)라는 제목의 매우 훌륭한 영적 논고에 대해 잘 알고 있다. 이 논고에는 영혼에게 평화와 고요가 얼마나 필요한지와 또 그것을 어떻게 얻을 수 있는지가 설명되어 있다. 비록 처음은 아니었지만 비교적 최근에 이 소책자가 베네딕도회 수도승 '돔 제롬 보우건 Dom Jerome Vaughan'에 의해 독자들에게 알려지게 되었다. 저자를 "알칸타라의 성 베드로"라 소개하고, 이 작품이 "1665년 영어본에서" 나온 것이라고 소개한다. 이 책에는 매우 아름다운 헌정사가 있는데, 그것은 1665년판 원 번역자의 이름 첫 글자인 T. W.로

---

1 이 소개 글은 P. Ubald d'Alençon의 이 작품에 대한 프랑스어 번역본 앞에 나오는 「주석」에 거의 전적으로 근거한 것이다.

서명된 것으로서, "파리의 영국 베네딕도회 수녀원의 지극히 공경하올 원장 브리젯 모어Mother Bridget More에게" 보낸 것이다.

돔 제롬 보우건이 편집한 작품은 상당히 유명하여 네 번째 판까지 나왔다. 돔 보우건이 『영혼의 평화』(Pax Animae)와 함께 이 작은 책자에 넣은 "세 가지 주요 덕과 수도자들의 서원에 대한 짧은 논고"에 대해 언급하는 것도 가치가 있다고 본다. 이 글은 원 번역자에 의하면 순진하게 "헤로니모 데 페라Geronimo de Ferrara 신부"의 것이라고 하지만, 의심의 여지없이 도미니코회 사보나롤라(Girolamo Savonarola, 1452-1498)가 성 클라라 수도원에 입회하려는 마음을 갖고 있던 미란돌라Mirandola의 백작부인 막달레나 피카Magdalen Pica에게 그 입회와 관련하여 쓴 아름다운 편지이다. 몇 군데를 주의하여 보게 되면 의식적으로건 무의식적으로건 저자의 이름이 가려져 있는 듯하기도 하고, 어쩌면 별 강조를 하지 않은 듯하게 보이는 곳이 나온다. 영혼의 평화라는 제목을 보자면, 옛적에는 어떤 영문인지는 모르지만 어떤 작품에 대해 실제 저자가 잘 분간이 되지 않을 때 그 작품의 저자를 잘 알려진 사람이나 보편적으로 좋은 평가를 받는 사람으로 돌리는 일반적인 관습을 엿볼 수 있다. 『영혼의 평화』의 실제 저자는 알칸타라의 성 베드로가 아니라 보니야의 요한 형제인 것으로 보인다.

원작품은 스페인어로 저술되었고, 『Tratado de quan necessaria sea la Paz de l'Alma, y como se puede alcanza』 —『영혼의 평화를 위해 필요한 것과 그 평화를 어떻게 얻을 것인가에 대한 논고』라는 제목으로 알칼라에서 처음으로 출판되었다. 이때가 1580년이었고, 알칸타라의 성 베드로가 죽은 지 18년이 지난 때였다. 1597년에 이 논고의 첫 번째 번역본이 나왔다. 그것은 이탈리아어 판으로서 제목은 『La pace dell' Anima.... Opera del R. P. Fra Giovanni di Boniglia de Ordine Osservante dei San Francesco』 —『영혼의 평화... 성 프란치스코의 [더 엄격한] 회칙준수 수도회 보니야의 요한 형제(사제)의 작품』이었다. 17세기 초반에 첫 번째 프랑스어 판이 나왔는데, 여기서도 다시 저자를 보니야의 요한이라고 기술하고 있다. 이것은 1604년 판이고, 1605년 판은 이런 제목으로 되어 있다. 『Brief traiété où est déclaré combien est nécessaire la Paix de l'âme』 ... par le R. P. Fr. Jean de Bonilla de l'Ordere de l'Observance de Saint François —『영혼의 평화가 어찌하여 필요한지를 설명하는 짧은 논고』... 성 프란치스코의 [더 엄격한] 회칙준수 수도회 보니야의 요한 형제(사제) 저. 이 두 개의 번역본은 루앙Rouen에서 출판되었다. 1646년에는 쟝 보빌라

Jean Bovilla라는 이름의 저자명으로 파리에서 새로운 프랑스어 판이 출판되었는데, 여기서 철자 v는 n의 전형적인 오타로 보인다. 라틴어 판은 1662년에 처음으로 나타나기 시작했다. 그 해에 파리에서『Tractatus de pace animae』—『영혼의 평화에 대한 논고』— 로 나왔고, 3년 후에 이 논고가 전체 제목『Opus spirituale』—『영성 작품』—으로 나온 영성 작품 전집에 잘 알려진『Punga Spiritualis』— 혹은『영적 전투』와 통합되었다. 이 작품에서 이『안내서』는 또 다른 저자의 이름으로 실리지 않았다. 한 세기가 지나지 않아 "테아티노 수도회의 스쿠폴리의 작품"으로 나오게 되는데, 이 사람이『영적 전투』의 저자였기에 이『안내서』도 이 사람의 것으로 간주되기 시작하였다. 거의 잘 분간이 되지 않는『영혼의 평화』가 사실상 몇 년 전에 더블린에서 출판된『영적 전투』에 여전히 포함되어 있다. 그리고 지난 세기에 출판된 여러 개의 프랑스어 판에는 이 작품 두 개가 한 권의 책으로 소개되었다. 그러나 오늘날 아무도 이 안내서를 스쿠폴리의 작품으로 여기지 않는다. 오히려『영적 전투』의 저자도『영혼의 평화』의 저자의 것이라고 여겨진다. 왜냐하면, 내가 생각하기로,『영적 전투』라는 일종의 프란치스칸 원전 작품이『Etudes Franciscaines』, Vol. xxvii

에 충실하게 잘 실려 있기 때문이다.

　　이런 사실로 미루어 보아, 『영혼의 평화』의 저자를 보니야의 요한이라고 주장하는 것은 논박의 여지가 없는 것으로 보인다. 그렇다면 어떻게 이 작품이 알칸타라의 성 베드로의 작품으로 알려지게 되었을까? 솔직히 말해서, 나는 돔 제롬 보우건의 편집본에 나오는 내용 이외에 아는 것이 없다. 분명히 다른 근거가 전혀 없다고 단정하지는 않지만, 지금까지 따로 발견한 것은 없다. 그런데 누군지가 밝혀지지 않은 채 그저 'T. W.'라는 이름으로 나온 1665년도 영어판 역시도 소개 글이면서 동시에 헌정사인 긴 글에서조차도 이 "스페인어 안내서"의 저자를 성 베드로라고 생각했다는 내용이 전혀 없다. 'T. W,'라는 사람이 누구인지 모른다면 그의 영어본 역시 누구의 것인지 모른다. 이 영어본의 사본이나 원본이 없는 상태에서 그가 누구인지 알기는 어렵다. 내가 아는 다른 유일한 영어본은 『영혼의 고요』(The Quiet of the Soul)인데, 이것은 콜린스Collins 신부가 편집한 것이며 1876년에 런던에서 나왔고 이 편집본의 사본이 브리티시 박물관에 소장되어 있다. 이 편집본에도 저자가 보니야의 요한이라고 되어 있다.

　　요한 역시도 그에 대해 그저 미약한 정보만 있다. 그는 스페인의 회칙준수파 프란치스칸이었고, 16세기에 살았기에 우리는 그를 그 세기에 스페인에서 배출한 훌륭한 여러 성인 무리에 이 사람을 포함시키는 것 같다. 1581년에 그는 비야실로스Villasilos의 원죄 없으신 잉태 관구 소속 회칙준수파 수도원 원장이었다. 그 후에 그 수도원에 살았던 영국 형제들 중에는 니콜라스 데이, 프란시스 벨, 존 밥티스트 벌라커가 있다. 보니야의 요한이 이 세 형제를 모두 만났을 거라는 생각은 전혀 근거가 없는 추측은 아닐 것이다. 왜냐하면, 두인Duin의 『Table universelle des auteurs ecclesiastiques』(『교회 저자들의 전체 명단』 — 파리, 1704)에 의하면 요한은 1630년에도 생존했었기 때문이다. 그의 — 고요하고 위안을 주면서도 충만한 힘을 주는 — 안내서를 읽은 사람은 누구도 그를 잊을 수 없을 것이다.

    지금 소개하는 번역본은 한두 개의 미소한 수정 외에 돔 제롬 보우건에 의해 출판된 것과 똑같다. 돔 보우건이 사용했던 원본은 하도 많은 부분에서 말마디를 수정하였기에 1665년에 나온 아름다운 영어판을 망쳐 버려 참 아쉽다. 그렇지만 거기에서 빠진 두 개의 장은 의심의 여지없이 신빙성이 있는 것이어서, 이 번역본에 삽입하였고, 이 번역본은 우발드 달렝송 신부P. Ubald d'Alençon,

O.S.F.C.에 의한 프랑스어 편집본을 근거로 하였다.

성 베드로의 『기도와 묵상에 관한 안내서』와 『영혼의 평화』는 영성 문학의 위대한 저술에 있어 프란치스칸이 한 공헌의 중요한 한 부분²을 형성한다. 이는 세상이 16세기의 스페인에 대해 감사를 표하는 부분이다.

도미닉 데바스Dominic Devas, O.F.M.

---

2 "부분"이라고 한 이유는 우리가 디에고 데 에스텔라Diego de Estella의 「하느님의 사랑에 관한 논고」도 절대 잊지 말아야 하기 때문이다. 이 작품은 순교자이자 가경자인 로버트 사우스웰Robert Southwell, SJ 신부가 아주 소중하게 여긴 것으로서, 자기와 다른 이들을 위해 손수 영어 번역본을 만들었다. 이 작품은 모리스Morris, SJ 신부가 1873년에 편집하였는데, 단독 번역본이 1898년에 페레이라Pereira에 의해 나오게 되었다. "1584년과 1622년 사이에 적어도 영어로 네 번 출판된" 『Vanidad del mondo』(세상의 공허함)도 데 에스텔라de Estella의 손으로 쓰인 것이다. (『The Month』, November, 1925 참조).

1장

....
우리 마음의 본질과
마음을 어떻게 다스릴 것인가에 관하여

    그대는 하느님께서 그대에게 오직 당신만을 사랑하고 당신과 일치하며 당신 안으로 녹아들어 완전히 합쳐지도록 창조하신 고귀한 마음을 주셨다는 것을 알아야 한다. 그대는 사랑으로써 그대가 즐거워하는 것은 무엇이나 하도록 마음을 쓸 수 있다. 그리고 한 편으로는 덕에 매혹되어 그렇게도 어려운 일들이 쉬워지고 기쁜 일이 되기도 하고, 다른 한편으로는, 사랑 없이 그대 자신의 힘만으로 그대가 어느 것이든 시도한다면 그것이 하찮아질 것이고, 그대는 그것이 어렵다는 것을 알게 될 뿐 아니라, 전적으로 불가능하다는 것을 알게 될 것이다. 그러므로 첫째로 그대 마음의 취향과 경향을 견고히 하여 그대가 외적으로 하는 것은 무엇이든 내면에 뿌리와 원칙을 두게 하라. 비록 각자의 필요성과 상황에 따라 신중하게 적용되는 참회와 엄격한 삶은 칭찬할만하더라도, 그

참회와 금욕이 내면의 토대 위에서 제대로 이루어지지 않고, 오히려 공허함과 헛된 영광의 그림자를 붙들고 있다면 그대는 절대 참된 덕에 이르지 못할 것이다. 거룩한 욥은 "인생은 땅 위에서 계속되는 고역이요 전투"라고 말했고(욥 7,1 참조), 인생에서 선한 성공을 이루려면 그대는 항상 방어 태세를 잘 갖추고 경계를 하며 서 있어야 한다. 이 경계 태세는 영혼의 모든 움직임을 누르고, 평화롭게 하며, 고요하게 만듦으로써 어떤 열망의 격정이나 욕구의 바람이 불어 올라와도, 그런 것이 혼란을 일으키지 않도록 즉각적으로 그것을 가라앉히고자 하는 자세를 말한다. 기도 안이나 밖에서 작은 소용돌이가 인다 해도 이런 자세를 갖고 있도록 만전을 기울여야 한다. 그렇다면 그대가 배운 대로 기도하는 법을 알게 될 것이고, 주어진 상태에서 임무를 완수하게 될 것이다. 그러면 이 모든 것이 강제로가 아니라 감미로움으로 인해 자연스럽게 이루어질 것이다. 강제보다도 더 평화에 반대되는 것은 아무것도 없기 때문이다.

2장

....
영혼의 평화를 위해
주의하고 보살펴야 할 것에 관하여

    모든 것에 앞서, 그리고 모든 것 위에 그대의 감각을 평화로이 살펴보되, 절대 강제적으로 하면 안 된다. 그렇다. 참으로 고요하고 안정적으로 살펴야 한다. 그러면 그대는 위업에 도달하게 될 것이다. 하느님께서 보내 주신 이 평화로써 그대는 경계하고 기도하고 순종하고 어려움이나 투덜거림이 전혀 없이 모든 아픔을 다 겪어 낼 것이다. 그리고 경험 부족으로 인하여 그대가 이곳에 도달할 때까지 그대는 시련을 많이 겪을 것이지만, 그대의 영혼은 덤으로 많은 위로도 받을 것이고, 매일 새로운 득을 보게 될 것이며, 미래에는 더 나은 방어를 할 새로운 기술을 익히게 될 것이다. 어느 때라도 그대가 일상의 고통보다 더 많은 고통 속에 있게 되면 당장 기도에 의탁하고 우리에게 모범을 보여 주시고 당신의 영원하신 아버지께 동산에서 세 번이나 기도하신 우리 구세주를 본

받기 위해 사력을 다하라. 그분이 이렇게 하신 것은 우리가 다른 어떤 치료제를 찾아 나서지 않게끔 하기 위해서도 그렇고, 우리가 완전히 하느님의 뜻 안에 맞추어 평화를 누리기까지 기도를 중단하지 않게끔 하시려는 것이었다. 그리고 그대가 하고 있는 육신의 수련이 유혹이나 혼란에 빠지게 되면 그 시간에 정해진 것을 끝내려고 너무 집요하게 노력하려는 마음을 갖지 마라. 오히려 그때는 매우 고요하게 오직 그분 외에는 아무것도 중요하게 생각하지 않으면서 침착하고 적절하게 하느님을 바라 뵙는 것이 그대가 해야 할 일임을 마음에 새겨라. 그리고 다른 어떤 생각이 기도에 섞여 그쪽으로 마음을 향하게 한다면 그대는 곧 그것이 그대 영혼 안에서 일어나는 폭풍과 소란을 감지할 것이다. 그리고 이런 것들이 그대 마음에 오르내림으로써 그대는 분명히도 우리의 모든 비참함이 이기적인 사랑에서 오는 것임을 발견하게 될 것이다. 이 이기적인 사랑으로 인해 우리는 모든 것이 우리 마음대로 되기를 바라고, 그것이 이루어지지 않을 때 평정심을 잃게 된다.

3장

어떻게 차근차근 평화의 거처를 지을 것인가

    어떤 일이 일어나건 간에 절대 근심이 그대 마음의 슬픔이나 염려, 혹은 걱정거리가 되게 하지 마라. 그러나 그대의 모든 노력이 이런 평화를 유지하고 보존하는 데 사용되게 하라. 주님께서 이렇게 말씀하시기 때문이다. "행복하여라, 평화를 이루는 사람들!" 이렇게 하면, 그분께서 그대 영혼 안에 평화의 도시와 기쁨의 집을 지어주실 것이다. 그분은 그대에게 어떤 것도 요구하지 않으시지만, 그대의 감각이 살아 있는 한 종종 그대는 서둘러 그대의 모든 힘과 움직임, 생각, 행동을 조용하게 하면서 감각을 누르고 고요하게 해야 한다. 그러나 한 도시가 하루에 지어지지 않듯이 하루아침에 그런 내적 평화를 가진 것처럼 행동하지 말아야 한다. 비록 성령 당신께서 건축가이시고 그분 없이는 그대의 노력이 허사가 되겠지만, 우리가 짓는 이 집은 하느님을 위한 집이요 그분의 성령을 위한 성전일 뿐이다. 그래서 이 건축의 초석이자 주춧돌은 겸손이다.

4장

....

이 평화를 구입하기 위해 영혼은
다른 모든 위안을 매각(포기)해야 한다

겸손의 중요한 토대가 견고하고 내구성 있게 세워지기 위해서, 그대는 팔을 벌리고 자매적 사랑으로 모든 시련을 끌어안기 위해 노력해야 하고, 세상 모든 것에 의해 규탄받고 비난받을 마음으로 오직 하느님 이외에는 다른 위로를 바라지 말아야 한다. 다음과 같은 결의와 금언이 그대 영혼에 단단한 뿌리를 내리게 하여 전적으로 그대 영혼의 소유가 되게 하라. 홀로 하느님만이 그대의 모든 기쁨이자 행복이다. 다른 모든 것은 그대에게 가시덤불이나 찔레나무일 뿐이다. 그대의 영혼이 하느님과 더불어 즐기는 데 익숙하게 하라. 그대가 모욕이나 당혹스러운 일을 당한다면 그것과 함께 어떤 만족과 즐거움이 더불어 있을 것이니, 그분의 현존 안에서 그분 사랑을 위해 기쁨을 갖고 그것을 견뎌 내며, 그분과 그분의 영광을 위해 고통을 견뎌 내는 것 외에 다른 어떤 것도 구하지 않아야 한다는 것을 생각하라. 그대가 어떤 꾸지람이나 상처, 혹은 경멸을 당할 때, 그런 것들을, 마치 감추어져 있어 알려지지 않은 보물이요 과거 그대가 저지른 모든 잘못을 정화하는 속죄 제물인 양, 소중히 받아들여라. 이 세상 삶에서는 어떤 피조물로부터도 어떤 애정이나 존경을 바라지 마라. 그리고 아무도 그대를 알아 주기를 바라지 말고, 또 그대 자신과 같은 사람이 존재한다는 것도 알아차리지 못하게 하라. 그것이 그대에게 가장 큰 친절을 베푸는 것이고, 십자가에 못 박히신 그리스도와 더불어 고통받는 영예를 누리게 하는 것이라는 사실을 알아차려라. 그리고 무엇보다도 그대 자신이 가장 지독한 원수라도 된 듯이 그대 자신에 대항하여 맞서라. 의도적으로 그대 자신의 파멸을 바라는 것이 아니라면 절대로 그대의 의지와 판단, 혹은 경향을 따르지 마라. 그리고 그대의 애정이나 경향이 그대를 아주 거룩한 그 무엇으로 이끌어 준다면, 그것이 그토록 거룩하다 하더라도 순수하게 깊은 겸손을 지니고, 그분이 선이라고 보시는 거룩한 뜻이 이루어지게 해 달라고 청하면서, 하느님 앞에 그것을 내어 드려라. 이때 가져야 할 마음은 신실함과 열의여야 하며, 그대는 아무것도 아니고, 가진 것도 없으며, 거룩함과 평화, 그리고 (지각없는) 열정을 가장한 갈망과 판단에 맞서 자신을 지킬 수 없다는 사실을 알아, 여기에 이기적인 사랑이 들어가지 않도록 조심하여야 한다. 주님께서는 이렇게 말씀하신다. "너희는 거짓 예언자들을 조심하여라. 그들은 양의 옷차림을 하고 너희에게 오지만 속은 게걸 든 이리들이다."

5장

하느님께서 영혼 안에서 일하시도록
영혼은 어떻게 자신을 지킬 것인가

 그대는 그대 영혼에 대해 많이 알 수 없다. 그곳은 하느님께서 거하시며 즐기시는 곳이다. 어떤 것이 그 안에 들어와 어지럽힌다면, 그것이 어떤 것이건 간에 우리가 업신여기고 무시할 만큼 영혼은 매우 고귀한 가치를 지닌 것이다. 그대의 기대와 갈망 전체가 그대의 주님께서 오시는 것에 고정되게 하라. 그분께서는 그 안에서 다른 어떤 생각이나 소망, 의지, 혹은 그러한 경향이 없는 이런 자유롭고 행복한 영혼의 모습을 찾고 싶어 하신다. 영적 지도신부의 조언도 받지 않고 그저 그대 머릿속에 드는 생각으로 그대가 하느님을 위해 고통을 당하고 있는 듯이 가장할 십자가를 찾지 마라. 오히려 하느님 당신을 위해 그분께서 바라시는 대로 그대가 고통을 겪게 하시도록 그분께 맡겨드려라. 그대가 염두에 둔 것을 하지 말고, 그분께서 염두에 두신 것을 하느님께서 하시도록 맡겨드려라. 그대의 의지는 모든 점에 있어 자유로운 상태에 있게 하고, 그대의 정감이 여기에 개입되지 않게 하라. 아무것도 희망하지 말고, 정말로 필요한 것이 있다고 해도 마치 그렇지 않은 듯이 처신하라. 그러나 반대의 상황, 즉 희망하지 않은 일이 벌어진다면 그대는 반발감보다는 오히려 같은 만족감을 경험할 것이다. 참된 자유는 바로 여기에 있다. 어느 것에도 집착하지 않고, 의존하지 않으며, 편견도 갖지 않는 것이다. 하느님께서는 이런 독거(solitude) 상태에서 다른 어떤 것에도 관심을 두지 않는 영혼 안에서만 놀라운 일을 하신다. 행복하여라, 예루살렘의 성벽이 세워지는 장소인 독거여. 이곳은 유쾌함의 사막이요, 친구나 고향이 주는 즐거움과는 비할 데 없는 행복, 즉 오직 하느님 당신만이 안전하고 행복하게 관상하는 유배지이다! "이 여정을 위해 아무것도 지니고 가지 마라. 네가 서 있는 곳은 거룩한 땅이니, 네 발에서 신을 벗어라. 길에서 아무에게도 인사하지 마라. 죽은 이들의 장사는 죽은 이들이 지내도록 내버려 두어라"(마태 10,9-10 참조; 탈출 3,5 참조; 루카 10,4; 마태 8,22). 살아 있는 이들의 땅으로 그대는 여정을 하고 있다. 죽어야 할 존재는 누구라도 그대의 동반자가 되어서는 안 된다.

6장

우리 이웃에 대한 사랑을 위해 사용되어야 할 신중함과
이 사랑이 평화에 좋지 않은 영향을 미치지 않게 함에 관하여

경험하게 되면, 이것이 영원한 삶을 준비하는 것임을 알게 될 것이다. 그것은 곧 사랑 — 하느님에 대한 사랑과 이웃에 대한 사랑 — 이 그대의 영혼에 가득 채워질 것이다. 그리스도께서는 "세상에 불을 지르러" 왔고, "그 불이 타오르는 것" 외에 다른 아무것도 바라시지 않는다(루카 12,49 참조)는 사실을 확언하신다. 그러나 하느님의 사랑이 한계가 없지만, 이웃에 대한 사랑은 한계가 있고, 다른 사람들을 교화하느라 자신을 파멸시키지 않으려면 그 테두리를 벗어나지 말아야 한다. 그러니 절대 그저 모범을 보인다는 이유로 행동하지 마라. 그러다가 다른 사람들에게는 불확실한 것을 가져다 주고는 자신에게는 의심의 여지없는 손실을 가져올 것이기 때문이다. 모든 것을 단순성과 순수성을 지니고 하고, 하느님께서 받아들여 주시길 바라는 것 외에 다른 어떤 계획도 세우지 마라. 그대가 하는 모든 일에서 겸손하라. 그러면 그대는 그대가

하는 어떤 일로도 누군가에게 도움을 주는 것이 얼마나 하찮은 것인지를 알게 될 것이다. 영혼을 위한 열정이 그대의 평화를 잃는 것을 정당화할 수도 없고, 어떤 보상도 줄 수 없다. 그대가 알게 된 이 진리를 모든 이가 이해하여 하느님께서 모든 이에게 무료로 거저 약속해 주신 소중한 포도주에 취할 수 있기를 갈망하라. 그대 이웃의 선을 목말라하는 것은 참으로 훌륭한 일이다. 왜냐하면 그것이 그대의 간절함이나 무분별한 열정에 의해 얻은 것이 아니라 우리 주님께서 손수 그대에게 주신 것이기 때문이다. 하느님께서는 그것을 그대의 마음에 심어 주시고 당신이 바라실 때 거두신다. 그대는 경작하거나 씨를 뿌리는 척하지 말고, 오직 그대의 영혼이 경작 가능한 밭이 되게 하고 잡초를 제거한 후, 당신께서 좋으시다고 생각하는 때에 씨를 뿌리시게 해 드려라. 그분은 그대 영혼이 이 일에 어떤 자격도 없기에 아무런 개입을 하지 않기를 바라신다. 그분이 개입하시어 영혼을 당신과 일치시켜 주시고 단단히 묶어 주신다. 일꾼을 고르는 데 있어서도 그분께 맡겨드려라. 앉아서, 거룩한 한가함을 즐기며 정신을 쉬게 하고, 그분께서 그대를 고용하실 때까지 기다려라. 모든 근심을 버리고, 혼자 방해를 받지 않고 항로를 조용히 조종해 가라. 이때 하느님께서는 그대를 당신 자신으로 옷 입혀 주실 것이고, 그대가 그대 자신을 잊는다면, 하느님께서는 그대의 영혼 안에 오직 그분 사랑을 위해서만 살기를 간절히 바라는 마음을 심어 주실 것이다. 사실 이런 갈망마저도 영혼이 스스로 가질 수 없기 때문이다. 그러므로 영혼은 온갖 노력을 다해 그런 마음을 갖고자 노력하게 될 수도 있는데, 사실 정확하게 말하자면, 그대 쪽에서는 어떤 힘도 들이지 않아도 그대의 고요를 전혀 어지럽히지 않을 것이며, 그때 비로소 그대는 그런 수단들과 열의를 내려놓고 평화로울 수 있을 것이다. 사실 그대 안에 평화와 고유를 보존해 주시는 분은 하느님이시기 때문이다. 그렇기에 침묵 안에 있는 것 자체가 그대의 부르짖음으로 하늘을 꿰뚫는 셈이 된다. 그리고 거룩한 한가함을 유지하는 것이 가장 행복하고 가장 유익한 일이며, 이 한가함을 통해 영혼은 하느님께 결합되고, 다른 모든 것들에서 떨어질 수 있는 것이다. 그리고 이는 그분의 은총 이외에 그대 쪽에서 뭔가를 해야 한다는 생각을 버려야만 가능해진다. 하느님께서 모든 것을 하시기 때문이다. 그분은 이 고요한 풀밭에서 쉬고 있는 그대에게서 아무것도 바라지 않으신다. 그대는 하느님의 거룩한 뜻이 그대 안에서 완전하게 이루어지기를 간절히 바라면서 그저 그분 앞에 겸허히 자신을 낮추고 이 지상의 모든 경향에 연루되어 있지 않은 마음을 그분께 봉헌하면 된다.

7장

영혼이 어떻게 당신 자신의 의지를 다 내려놓으신
하느님 앞에 나아갈 것인가

그런 다음 그대는 겸손을 다해 그대의 길을 걸으며 한 발짝 한 발짝 진보해 가야 한다. 그대를 부르면서 "고생하며 무거운 짐을 진 너희는 모두 나에게 오너라. 내가 너희에게 안식을 주겠다"(마태 11,28)라고 말씀하시는 우리 주님께 그대의 신뢰를 두라. 그리고 또 그분은 이렇게 말씀하신다. "나는 알파이며 오메가이고 시작이며 마침이다. 나는 목마른 사람에게 생명의 샘에서 솟는 물을 거저 주겠다"(묵시 21,6).

그대는 성령께서 그대를 당신 영감으로 가득 채워주실 때를 기다리면서 이렇게 하늘을 향해 나아가는 것과 그 성소를 향해 항상 정진해야 한다. 그대가 이 은총에 이끌려 따라갈 때 그대는 그분 자비에 사로잡히고 그 자비의 강물에 빠지게 될 것이다. 그분의 자비는 계속해서 하느님의 거룩한 선의 바다로 그대를 이끌어

갈 것이다. 그러니 최선을 다해 그대 영혼의 안쪽으로 향하는 힘과 바깥쪽으로 향하는 힘을 다 끌어모아 그분 이름에 대한 찬미와 사랑에 도움이 될 수 있는 모든 것을 추구하는 데에만 오로지 그대 자신을 투신하라. 그러나 이것이 그대 마음을 산란하게 하지 않게 하고 단순한 마음으로 실현되도록 노력하라. 그렇지 않으면 이 일이 너무 어렵고 힘들며 독선적으로 된다는 것은 자명하다. 그리고 이것이 그렇게 거칠게 되면 영혼의 평화가 깨질 것이고 심지어는 오랫동안 평화가 사라져 버리기까지 할 것이다.

내 조언을 따라라. 재차 반복해서 말하지만, 실제로 하느님 선의 관상과 매 순간 그분께서 그분의 사랑 안에서 그대에게 내려 주시는 자상한 은혜 안에 머무는 습관을 길러라. 적어도 제발 마음과 갈망으로라도 이렇게 하려고 애써라. 온갖 겸손을 다해 그분께서 그대에게 허락하시는 은혜들을 받아들여라.

나는 또한 그대에게 이런 권고를 준다. 억지로 눈물을 흘리려 애쓰지 마라. 신심의 정감을 품으려고도 애쓰지 마라. 그대의 마음을 억지로 조정하려 하지 마라. 오히려 내면의 독거 안에서 쉬어라. 거기에서 고요히 머물면서 하느님의 뜻이 그대 안에서 성취될 때를 기다리라. 그분께서 그대에게 눈물을 흘리게 해 주고자 하실 때, 오, 그 눈물이 그 얼마나 감미롭겠는가! 그대가 인내심이 없어서 눈물이 나오지 않았던 것이 아니다. 사실 눈물은 겸손과 평화의 열매이기 때문이다. 그러니 그대 쪽에서는 참으로 자기를 내세우지 않고 그 열매를 받아들이며, 하느님께서 그대 안에서 일하시도록 내 맡겨라. 그대가 늘 이런 갈망을 원하거나 이런 정감을 어느 정도까지라도 그대 자신의 것으로 취하고자 원한다면, 그대는 영락없이 이 은혜를 놓치는 지경에 이르고 말 것이다.

내가 어디부터 시작하고 어디에서 끝을 맺는지를 보아라. 이 모든 수련 과정의 열쇠와 비밀이 여기에 있다. 그대는 그대 자신을 어떻게 포기해야 할지를 알아야 하고, 성모님과 더불어 그리스도 가까이에 앉아서 걱정을 접고 우리 주님께서 그대에게 말씀하시는 것을 평화 가운데 들어라. 마르타는 몸의 상징이다. 그대의 원수들 — 이들 중 가장 사악한 원수는 그대 자신이다 — 이 복된 고요에서 그대를 휘저어 놓지 못하도록 주의하여라.

이것을 또한 확실히 하라. 그대의 생각과 욕망의 날개 위에 올라타고 하느님께로 곧장 날아올라 그분 안에서 쉴 때, 그대는 마치 지상의 것들과 닮은 어떤 모습을 상상하여 그분을 바라보아서는 안 된다. 오히려, 그대는 그분을 비교도 할 수 없이 방대하신 분, 한계가 없는 힘, 경계가 없는 실체, 무한한 존재, 측량할 수 없이 경이로우신 분임을 명심하고 바라보라. 그런 존재가 그대 관상의 대상이다. 아니, 오히려 그대가 경탄하는 대상이다.

그러나 그분의 충만함을 통해 그대는 모든 곳에서 그분을 찾을 것이다. 심지어는 그대가 그대의 영혼 안에 들어가 그분을 찾을 때 그곳에도 그분은 계신다. 그분께는 "사람의 자녀들과 함께 계신 것이 기쁨이다"(잠언 8,31 참조). 그렇다고 그분께서 우리를 필요로 하시는 것이 아니라, 그분은 우리가 그분 사랑에 합당한 이들이 되기를 바라시는 것이다.

그대의 기도나 신심 행위의 횟수나 길이를 정확하게 고정해 놓지 마라. 기도나 독서를 꼭 이만큼 해야 한다는 식의 규정을 지어 그대를 옭아매지 말라는 뜻이다. 그저 그대 마음을 자유롭게 하라. 마음이 안식을 얻는 곳에서는 어디서나, 거기서 쉬며 주님께서 허락하시는 비밀스러운 감미로움을 누려라. 그리고 어떤 장애로 인해 그대가 결심한 것 모두를 포기해야만 한다면 그것으로 인해 걱정하지 말고, 후회하지도 마라. 그대의 영신 수련의 목적은 우리 주님이 얼마나 좋으신지를 맛보고 그분을 끌어안으며 그분의 현존 안에서 기쁨을 누리는 것이다. 여기에 이르게 되면 영신 수련은 거기에 이르게 해 주는 수단이며 이 이상은 할 수 없다는 것을 알게 된다.

빨리 결론을 얻으려고 노심초사하는 것만큼 참된 안식과 평화를 깨는 것은 없다. 우리가 무언가를 성취하고자 하는 계획을 세우고 안간힘을 쓰면, 하느님께서 우리를 자유롭게 처리하지도 못하시고 당신이 선택하신 길로 우리를 이끌어가지도 못하신다. 이것이 강제로 그분을 우리의 환상에다 끼워 맞춰 놓으려는 시도가 아니고 무엇이겠는가? 이는 그분의 뜻보다 우리의 뜻을 선호하는 것이고, 한 편으로는 그분을 기쁘시게 해드리기를 바라지만, 다른 한편으로는 그분의 뜻에 순종하지 않는 것이기도 하다. 한마디로 말해서, 이것은 그분에게서 멀어져 가면서 동시에 그분을 찾는 것과 같다.

그대가 정성을 다해 이 수련에 진보하여 정한 목표에 이르기를 바란다면 하느님을 찾는 것 외에 다른 어떤 지향이나 갈망도 가져서는 안 된다. 그분을 만나고 그분께서 당신을 그대에게 드러내시는 곳에서는 어디서나 그분께서 허락하실 때까지 그 외의 일은 거기서 멈추고 더 이상 앞으로 나아가지도 말 것이다(아가 3,4 참조).

우리 주님 안에 쉬는 것 외에 세상에서 그대가 생각하고 찾을 만한 대상이 전혀 없다는 것을 확신해야 한다.

만일 때때로 그대에게서 당신 자신을 떼어 놓으시는 것이 그분의 뜻이고 그분의 가장 큰 기쁨이라면, 그대는 신심 행위를 계속해서 그분을 다시 찾아 나서야 할 것이다. 그대가 사랑하는 분을 찾고자 하는 지향과 바람을 갖고 항상 신심 행위를 계속하라. 그리고 다시 한 번 그분을 찾게 되는 행복에 이를 때 그대의 바람이 이루어졌으므로 편안하게 하느님과 함께 즐기는 것 외에 다른 일은 하지 말 것이다.

    이 모든 권고를 정신 차려 들어라. 신심이 깊은 사람들이 완전히 길을 잃거나 지치는 경우가 많다. 그들은 종종 자신들이 시작한 것을 놓지 않으려고 안간힘을 쓰기 때문에 거기서 오는 유익함이나 고요함을 잃고 만다. 그들 눈에는 완덕이라는 것이 그저 일을 끝내는 것이다. 그러면 일을 끝내고 나서 그들은 무엇을 찾는가? 결국, 그들은 자기 의지의 주인장이 되려고 결심하는 것 외에 아무것도 찾을 수 없다. 가련하고 바보스러운 존재여, 아무런 목적도 없는 헛수고만 하고, 오직 우리 주님만이 참으로 거하시길 바라시는 그런 참된 내적 평화는 얻지도 못한 채 예술가들이나 노동자들처럼 땀만 흘리는구나.

8장

....
지극히 거룩한 성체성사에 대해 가져야 할 믿음과
우리 주님께 자신을 어떻게 봉헌할 것인가에 관하여

　날마다 그대가 지극히 거룩한 성체성사에 대해 가져야 할 믿음을 그대 영혼 안에 쌓아 올리기 위해 노력하고, 이 이해할 수 없는 신비에 공경을 드리는 것을 절대 멈추지 마라. 하느님께서 어떻게 빵과 포도주의 형상으로 당신을 내어 주시는지를 보고 기뻐하며 그대가 이 성사에 합당한 자가 되도록 하라. "보지 않고도 믿는 사람은 복되다"(요한 20,29). 괜한 호기심으로 그분께서 이 숨겨진 사건을 통해 당신을 보여 주시는 방식 외에 다른 식으로 당신을 보여주시기를 바라지 마라. 그분께서 그대에게로 변화하는 것이 아니라 그분께서 그대를 당신 자신으로 변화시켜 주시도록 그분께 가까이 나아가라. 그분께서 그대를 당신 사랑으로 불태우시고 당신의 지극히 거룩한 뜻을 가르쳐 주시도록 그분을 향해 그대의 의지의 불을 지펴라.

그대가 그대를 하느님께 희생 제물로 봉헌할 때마다, 어떤 고통이나 모욕이 온다 해도 그분에 대한 사랑으로 인해 고통받을 준비가 되어 있어야 한다. 기도 안에서나 다른 어떤 때라도 모든 질병과 아픔, 모든 적막감과 모든 영적 건조함을 참아내며 그대 자신을 봉헌하고, 이 모든 것을 선하고 기쁜 것으로 받아들이겠다고 말하라.

하지만 특별히 오늘 그대가 이런 것들의 원인이 되지 않도록 반드시 주의하여라. 여기서 내가 말하려고 하는 바는 그대가 이런 무미건조함과 작은 불편들을 끌어안고 이런 것들을 자매로 받아들이라는 것이다. 그대의 위안은 전부 그대가 사랑하는 분과 더불어 그분에 대한 사랑 때문에 고통을 참아 받는 것에서 온다.

그리고 변덕스러움을 절대 허용하지 마라. 그대가 일단 좋은 시작을 하게 되면 그 선한 결심에 항구하라. 이 결심으로 도움을 받아 그대가 이 평화의 감미로움에 항구하고자 노력하면 할수록 끝까지 가고자 하는 그대의 바람과 열망도 더욱 커질 것이라고 나는 확신한다. 그리고 끝까지 항구하면 그대는 분명히 그 목적지에 도달할 것이다. 그대는 이 고요함 바깥에서 절대 살 수 없게 될 것이다. 한 시간의 소란함이라도 그것이 그대에게는 견딜 수 없는 고통이 될 것이다.

9장

영혼은 선물이나 어떤 감각적 기쁨을 바라지 말고
오직 하느님만을 바라라

그대는 늘 고통 쪽으로 마음을 기울이면서, 그대를 전혀 돌보아 주지 않고 오히려 지독하게 지배하는 이들과 함께 하는 것을 즐기라. 마지막으로, 도중에 시간을 낭비하지 말고, 모든 것이 하느님께로 방향을 잡게 해 주는 동기가 되도록 하라. 이외의 다른 모든 것이 쓰고 맛이 없어지면 하느님만이 그대의 기쁨이 될 것이다. 이때 비로소 그대는 참된 위안을 갖게 될 것이다. 하느님과 사람 사이의 중재자이신 우리 주님께 그대의 모든 불행을 아뢰어라. 그분을 사랑하고 그분께 마음을 열어 한 치의 두려움이나 주저함 없이 그 모든 비밀을 말씀드려라. 그분께서는 그대의 모든 의심을 풀어 주실 것이다. 그분께서는 당신의 부드럽고 어버이다운 보살피심으로 그대가 넘어질 때마다 그대를 일으켜 주실 것이다. 그분께서는 영원한 사제이시기에 그대의 죄를 용서해 주시고 그대에게 영적인 조언을 해 줄 것이다. 그대의 고해 사제가 그대를 돌보지 않고 그대가 할 수 있는 한 자주 성체성사를 청하는데도 성체성사를 영해 주지 않을 때에는 확신을 갖고 우리의 사랑하는 엄위의 주님께 가서 그 목마름을 호소하라. 그분께서는 성 베드로에게 보화의 열쇠를 주셨고 여전히 그것을 거두어가지 않으셨다. 그대가 할 수 있는 한 종종 그분께 다가갈 때마다 그분께서는 참된 기념제, 즉 전대사를 주실 것이다. 아니, 그분을 사랑하면 그대는 이미 그분 선의 관리인이요 임자가 된 것이다. 그러니 완전한 휴식을 취하며 영의 평화를 누리는 가운데 하느님께 그대 자신을 희생제물로 바쳐라. 그러면 그대는 길에서 쓰러지지 않고 꾸준히 이 여정을 이어가며 모든 발걸음마다 마음을 크게 하여 그대가 지니고 가는 그릇이 크면 클수록 더 많이 받을 것이라는 사실을 알게 될 것이다. 그리고 그대가 하느님의 것이라는 사실을 순수하게 받아들이려는 마음을 갖고, 목표를 세우거나 결심은 하지 말고 오히려 그분께 협력해 드려라. 그러면 그대는 그리스도와 함께 죽겠다고 선언하고서는 곧바로 그분을 부인한 성 베드로처럼 걸려 넘어지지 않을 것이다. 왜일까? 사람이 자기 힘으로 이런 결심을 하면 그것이 선한 바람과 의지를 갖고 한 것이라서 좋은 것이긴 하지만, 그것이 하느님의 도움이 아닌 순전히 자기의 힘이길 바라거나 생각하는 교만에 빠지게 될 수 있고, 그렇게 되면 이것이 종종 매우 위험하고 엄청난 파멸의 원인이 되기 때문이다. 그대 쪽에서는 반드시 선한 의지를 지녀야 하지만, 동시에 절대 그 이상의 어떤 것을 바라거나 사랑하지도 마라. 오히려 그대 마음의 모든 끈을 느슨히 하고, 내가 말하는 대로, 매 순간 다른 목표는 세우지 말고 그대를 하느님께서 받아주실 제물로 바쳐라. 이것은 이미 여러 번 반복해서 말한 바이다. 그리고 무엇을 하든 간에 그다음 순간을 위한 결심을 하거나 결론을 내리지 말고, 완전히 자유롭게 그분께 맡겨드려라. 그러나 그렇다고 해서 각 사람의 상태나 조건에 따라 꼭 필요한 것에 대해 신중하게 염려하고 청하는 것까지도 금지하는 것이라고 생각해서는 안 된다. 사실 이것이 하느님의 질서에 따라 우리가 얻기 위해 노력하는 참된 영적 진보를 방해하지 않기 때문이다. 모든 상황에서 내적인 것과 관련하여 그대가 결심한 바를 즉각적으로 결의하여 실행하라. 그리고 외적인 것과 관련해서는 절대 염려하지 마라. 적어도 이렇게 되기 위해 하느님께 그대의 의지를 봉헌하라. 구하지도 말고 구하는 척도 하지 마라. 그대의 무능함을 의식하여 그대 자신을 불쌍한 불구자로 여기면, 그대는 기뻐할 이유를 찾을 것이다. 적어도 그대가 이렇게 하는 순간만은 그대가 완전한 자유 속에 있는 것이기 때문이다. 아, 이 자유는 늘 얻을 수 있는 것이 아니다! 이 영적 자유 안에 그대의 완덕이 들어 있고, 자유가 계속되는 한 그대는 거룩하고 기가 막히게 아름다운 종으로서의 모습을 누릴 것이다.

10장

....

영혼은 평화를 거스르는
반감과 장애를 경험한다 해도
절대 낙담하지 말 것이다

그러나 그대는 종종 이 행복한 독거와 완전한 자유가 방해받고 그것을 빼앗길 수 있다는 것을 예상은 해야 한다. 이럴 경우, 그대 마음 안의 자그만 소용돌이가 일어 산만함과 혼동의 먼지를 일으키겠지만, 우리 주님께서는 이 먼지를 가라앉히고 잠잠하게 해 줄뿐 아니라 그대 마음의 메마르고 척박한 땅을 비옥하게 하여 새롭고 향기로운 꽃을 피우게 해줄 정도의 천상의 이슬을 내려 주실 것이다. 이렇게 되면 그대는 매일 다른 어떤 영혼보다 하느님께 더욱 잘 어울리게 만들 수 있을 것이다. 계속되는 전투라고 할 수 있는 이런 관계 맺음으로부터 하느님의 성인들은 월계관과 승리를 얻어 내었다. 어떤 어려움이 그대를 공격할지라도 단순히 이렇게 기도하라. "주님, 당신의 종을 보시고, 제 안에서 당신의 뜻이 이루어지게 하소서. 저의 주님, 저는 당신의 진리가 영원히 실패를 볼 수 없다는 것을 알기에 저는 여기에 제 확신을 두나이다. 저는 당신의 것이기에, 다른 어떤 것도 제 관심을 끌지 못하나이다."

영혼이 소란해지기 시작할라치면 그때마다 하느님께 자기 영혼을 바쳐드리는 이는 복되다! 그러나 그대가 곧바로 그렇게 자신을 성찰할 수가 없어서 바라는 대로 전능하신 하느님께 그대의 뜻을 맞추어 드리지 못할지라도, 낙담하지 마라. 이것이 바로 그리스도께서 그대에게 지고 그분을 따르라고 주시는 십자가이다. 그분께서는 그대에게 모범을 보이시려고 먼저 십자가를 지신 분이시다. 동산에 계실 때 그분의 인간성은 목전에 닥친 고통을 꺼리고 거부하며 이렇게 외치셨다, "아버지, 하실 수만 있으시면 이 잔이 저를 비켜 가게 해 주십시오"(마태 26,39). 그러나 당신의 자유로운 의지로 즉시 당신의 영혼을 익숙한 독거로 돌아가게 하여 사심 없는 온전한 자유로 심오하게 겸허한 말씀을 하신다. "제 뜻이 아니라 아버지의 뜻이 이루어지게 하십시오"(루카 22,42). 그대는 이렇게 우리의 위대한 모범 그리스도를 닮아라. 그분은 우리를 위한 모범으로 당신 자신을 온전히 내어 주셨다. 그대가 종종 이 전투를 모면할 때 기뻐한다는 사실을 인지하여도 절대 용기를 잃지 마라. 그대가 그대의 의지를 잃고 하느님의 뜻이 그 자리를 차지하여 그대 안에서 그 뜻이 이루어지도록 겸손과 기도 안에 항구하라. 사내답게 싸워, 비록 매우 짧은 시간일지라도 다른 어떤 것이 아닌 오직 하느님만이 그대의 영혼에 거하시게 하라. 어떤 것에도 조금이라도 담즙 같은 쓴맛을 상상하지 말고, 오히려 마치 어린이가 분노하거나 투덜거리지 않고 단순하게 받아넘기듯이 그대에게 하는 다른 이들의 악한 공격들을 상관하지 말고 받아넘겨라.

11장

악마가 평화를 방해하기 위해
사용하는 근면함과 우리가 악마의 매복을
방지하기 위해 가져야 할 방어책에 관하여

우리 적대자의 습성은 계속 "누구를 삼킬까 하고 찾아 돌아다니는 것"(1베드 5,8)이다. 그래서 그 적대자가 바라는 것은 그대가 이 겸손과 단순성을 단념하게끔 하는 것이고, 특별히 그대가 뭔가를 해냈을 때 그것을 자신의 근면함과 부지런함으로 돌리게끔 하거나, 다른 이들을 별로 신임하지 않게끔 하는 것이며, 그대가 다른 이들보다 더 부지런하고, 하느님의 선물을 받기에 더 합당하다고 믿게끔 하는 것이다. 그래서 결과적으로 다른 이들을 과소평가하게 만든다. 이 모든 것 중 가장 작은 것은 사탄이 그대의 영혼 안으로 들어가는 것인데, 그가 들어가는 문 가운데서 그가 가장 선호하는 문은 자기-높임이라는 문이다. 그래서 그대가 전속력으로 돌아와 그대 자신을 물리치고 쳐부수고 완패시키기 위해 깨어 있지 않는다면, 그 적대자가 그대를 복음서에 나오는 바리사이와 같은 자만심에 떨어지게 할 것이다. 그 바리사이는 자신의 덕에 영광을 돌렸고, 독단적으로 다른 이들의 악을 심판한 사람이다. 이런 전략으로 그 적대자가 그대의 영혼을 소유하게 되면 그는 머지않아 그대 영혼을 정복하여 거기에 있는 사악함 전체를 밝히면서 그대에게 심각한 해를 끼치고 완전히 파멸될 위험에 노출시킬 것이다. 이런 이유 때문에, 우리의 위대한 대장이신 주님께서는 깨어 기도하라고 명하시며, 이것을 계속적인 경계심을 갖고 하라고 하신다. 이렇게 함으로써 그대는 원수가 그대의 최고 보화인 영혼의 평화를 그대에게서 앗아 없애 버릴 기회를 얻지 못하게 하는 것이다. 그대 영혼의 평화를 빼앗는 것보다 더 교묘하게 그대를 고통에 빠지게 하는 것이 없다. 왜냐하면 영혼이 일단 평정심을 잃고 심란해지면 모든 파멸이 곧 올 것임을 그 원수는 잘 알기 때문이다. 평화로운 영혼은 능력과 정확함 그리고 항구함을 갖고 모든 것을 함으로써, 모든 장애를 쉽게 물리친다. 심란한 영혼은 전혀 그러지 못한다. 불완전함으로 인해 노력을 거의 하지 못하고, 쉽게 나약해지며 결국에는 열매를 전혀 맺지 못하는 길고 긴 고통을 당하게 된다. 그러므로 그대가 그 악하고 끈질긴 원수에 대항하여 승리를 거두어 그 승리를 잘 지키기를 바란다면 단 한순간이라도 그대 영혼을 괴롭히는 일이 있지 않도록 조심과 경계를 철저히 하라. 이런 괴롭힘은 어떤 모습으로 가장할지도 모르기 때문이다. 그리고 이런 경우에 그 원수의 간계를 그대가 더 잘 발견하기 위해 다음과 같은 통상적이고 꾸준한 규칙을 적용하라. 그대의 사랑이나 하느님에 대한 신뢰심을 없애거나 줄어들게 하는 모든 생각은 지옥의 사신임을 잘 알아라. 그러니 그와 같은 것은 배척하고 쫓아 버려야 한다. 성령의 직무는 영혼들을 매 순간 하느님께로 모아들이는 것이고, 그들 안에 그분 사랑의 불을 피우고 새로운 확신을 심어 주는 것이다. 악마의 임무는 늘 이와 반대이기에, 이 목표를 위해 그는 가능한 모든 수단을 동원하고 영혼이 두려움을 갖게 하고 터무니없이 우리의 허약함을 더 악화시키고 우리 영혼으로 하여금 자신이 고해성사나 성체성사 혹은 기도 등에 합당하지 않다고 믿게 한다. 그리고 결과적으로 악마는 영혼을 불신하고 겁이 많고 암담하게 만들어 버린다. 악마는 영혼을 조급하게 하여 기도에 필요한, 합당하고 합리적인 신심과 다른 신심의 실천을 하지 못하게 하고, 신심이 없는 상태에서 모든 것을 잃었기에 자기 노력만 남는 것이 낫다고 생각하게 만든다. 결국 원수는 우리를 고도의 불신과 혼란의 상태로 이끌어가서 우리가 하는 일이나 한 일들이 다 허사이거나 치명적인 실수였다고 생각하게 만든다. 두려움과 괴로움이 그런 정도까지 증가되면 우리는 하느님께로부터 버림받았다고 생각하는 지경에 이른다. 사실은 그와는 정반대의 상황이 우리에게 펼쳐지고 있는데도 우리는 그런 생각 속에 빠지고 만다. 만일 영혼이 무미건조함과 신심의 부재를 겪으면서도 하느님께서 계획하시는 은총을 알아차리기만 한다면, 거기에서 나오는 이득은 헤아릴 수조차 없다. 이때 영혼 쪽에서는 그저 겸손과 인내와 항구함을 잘 유지하기만 하면 된다. 성 그레고리오가 가르쳐 주듯이, 믿음과 확신을 갖고 드린 기도는, 그것이 아무리 무미건조하고 아무런 즐거움이 없다고 생각되더라도, 하느님께 매우 기꺼운 것이다. 만일 기도가 매우 충실하게 지속된다면 기도에서의 쓴맛과 어려움이 아무리 커도 상관없다. 심지어는 영혼이 어떤 선도 생각할 수 없다 하더라도 그 기도는 잘못된 것도 아니고 효과가 없는 것도 아니다. 고요하고 끈기 있게 견뎌낸 이 시련 자체가 우리를 위해 하느님께서 보시는 데서 전구해 준다. 그리고 이 쓴맛 자체가 하느님께 기껍고 그분 마음에 들어, 만일 우리가 성 그레고리오의 말을 믿는다면, 우리에게 유익한 다른 어떤 신심 수련보다도 더 효과적으로 전능하신 하느님의 마음을 움직일 수 있다. 이런 사실로부터 우리는 정신의 무미건조함과 소란스러움이 우리에게 어떤 선한 일을 하지 못하게 하는 요소가 되어서는 안 된다는 것을 알아야 한다. 잘못하면 우리는 악마가 우리에게서 가장 탐내어 앗아가고자 하는 바를 만족시키게 될 것이다. 악마는 우리에게서 단 하나의 선마저도 앗아가고자 한다. 그대가 이것을 더 잘 이해하고 조언을 듣지 못해 해를 입지 않고, 많은 열매를 거둘 수 있도록, 이 건조하고 쓰디쓴 신심 수련에 겸손하게 항구함으로써 솟아오르는 여러 유익함을 간략하게 나열할 것이다. 그대 영혼의 평화가 이 쓰고 건조한 수련으로 인해 방해를 받지 않게 하려는 것이니 명심하길 바란다.

12장

내면의 유혹이
영혼을 소란하게 하지 말 것이다

　이런 영적 쓰라림과 무미건조함이 겸손과 인내로 받아들여진다면 영혼에 가져다 주는 그 유익함은 무한하다. 그리고 영혼이 그렇게 할 수 있다는 것은 상상할 수 있으므로, 너무 염려하거나 걱정하지 말 것이다. 그리고 참으로 이것만으로도 영혼에는 충분한 만족이 되며, 비록 다른 만족을 느끼지 못한다 해도 대개는 하느님께서 이 쓰라림과 무미건조함이 슬픈 것이거나 실망스러운 것이라서가 아니라 정말로 확신 있게 정반대의 것이라서 그런 것들을 보내 주시기에 우리는 그것들을 하느님의 우리에 대한 불만이나 미움과 혐오감으로 받아들이지 말고 오히려 우리에 대한 그분 은혜의 가장 자애로운 표시로 받아들여야 한다. 그리고 이런 상태 자체가 하느님을 섬기며 하느님을 불편하게 해드릴 수 있는 모든 것을 버리려는 열망으로 인해 생긴 것임을 성찰해 본다면 우리는 이것을 분명하게 이해할 수 있다. 우리가 언제 악명높은 죄인들과 이 세상에서만 안식을 찾는 이들에게서 이런 유혹과 같은 것이 있다는 불평을 들은 적이 있는가? 그러므로 이것은 하느님께서 당신이 가장 사랑하는 이들을 위해 마련해 주신 잔치라는 것이 확실하며, 비록 이것이 불편한 것이긴 하지만 우리가 인식하는 것보다 더 참으로 유익한 것이기에 겉보기에 그것이 우리를 걸려 넘어지게 하고 당혹스럽게 하며 심지어는 압도하기까지 할 정도로 아주 혐오스럽고 끔찍하다 하더라도 상관하지 마라. 아니, 그 유혹이 더욱 지독하고 지겨울수록 우리를 더더욱 두려움에 떨게 할 정도로 공격하여 우리를 낮추어 버리지만, 결과적으로는 우리를 하느님의 계획에 더 가까이 나아가게 해 주는 것이다. 물론 영혼이 그것을 이해하지 못해 그저 혐오스럽게 생각하여 다른 길을 찾아 나설 수도 있다는 것도 사실이다. 실제로 악마는 이때 신이 나서 즐거워하는 가운데, 우리는 그저 시간만 낭비하고 유익함은 하나도 없이 고통만 당했다고 생각할 수도 있다.

13장

....
어찌하여 하느님께서는 우리의 선을 위해
이런 유혹을 우리에게 보내시는가

우리는 모두 본성적으로 자만하고 그릇된 야망이 있으며 자기만의 방식을 사랑하고 계속해서 자신을 본래의 모습보다 더 나은 존재로 느끼며 평가하려는 경향이 있다. 이런 자부심은 매우 해롭고 참된 영적 진보에 반대되는 것이어서 거기에서 나오는 맛이나 전염성이 강한 냄새는 거리가 얼마나 떨어져 있는지에 상관없이 완덕의 희망을 다 날려 버리기에 충분하다. 이것이 바로 우리의 선하신 하느님께서 우리로 하여금 위험을 피할 수 있는 상태에 있게 하려고 마음을 쓰시는 바이다. 이렇게 해서 우리는 부득이하게 자신에 대한 참된 앎에 이르게 되는 것이다. 그분께서 사도 성 베드로에게 하신 것이 바로 이런 것이다. 주님께서는 그가 당신을 부인할 수 있게 하셨지만, 결국에는 그가 자신을 알게 되었고, 이 앎을 통해 자신의 힘에 더 이상 신뢰를 두지 않게 되었던 것이다. 그분께서는 또한 다른 위대한 사도 성 바오로에게 육신에 괴로움을 주는 유혹을 허락해 주심으로써 그가 자신을 낮출 수 있게 해 주셨다. 사도 바오로는 이것이 자신이 받은 많은 계시와 천상의 은혜들로 자신이 우쭐해지지 않게 한 것이라고 말한다. 이와 같은 방식으로, 하느님께서는 당신의 선으로써 우리의 비참함과 비뚤어진 경향을 가엾게 여기시어 우리를 넘어지게 하는 역겹고 혐오스러운 수많은 유혹을 견뎌 내심으로써 우리가 겸손해지고 우리 자신의 하찮음을 알게 해 주셨다. 비록 지금은 여기에서 오는 유익함을 우리가 잘 알지 못하지만 말이다. 하느님의 선과 지혜는 우리에게 가장 해롭게 여겨지는 것을 통해 우리에게 가장 필요한 참된 겸손을 갖게 해 주시며, 이렇게 하시어 그 해롭게 보이는 것을 유익한 것으로 바꾸어 주심으로써 명백하게 드러난다. 이보다 더 밝히 하느님의 선과 지혜를 드러낼 수 있는 방법은 없다. 그래서 일반적으로 그런 형편없는 생각과 신심 없는 모습, 그리고 그런 영적 불모와 가뭄을 자신에게서 발견하는 사람은 이 모든 것을 자신의 불완전함의 소치로 돌리고, 자신의 영혼이 심란한 상태에서 하느님을 섬기는 그는 스스로 아무것도 할 수 없다고 결론을 내린다. 그리고 그는 이 세상의 버림받은 사람들과 쓰레기 같은 사람들 외에는 아무도 자기가 경험한 그런 생각들을 마음에 품지 않는다고 여긴다. 이런 이유로 인해, 이전에는 위로부터 오는 이 명약의 도움을 받아 자신을 누군가로 여겼지만, 이제는 자신을 이 세상에서 가장 사악한 자로 평가하며 그리스도인이라는 이름조차 전적으로 부당하다고 생각하기 시작한다. 그리고 이런 무시무시한 유혹과 생각지도 못했던 시련을 겪지 않았다면 얻지 못했을 이런 깊은 겸손이 어떤 면에서 그를 참으로 겸손하지 않으면 안 되게 만들어 준다. 오, 그런 영혼에게 그런 치유가 절실히 필요하다는 것을 하느님께서 아시기에 그분께서 그 영혼에게 주시는 은혜가 얼마나 놀라운가! 그러나 이외에도, 그런 유혹에서와 신심의 부재로부터 생기는 다른 많은 유익함이 있다. 이를테면, 이런 고통 중에서 노고를 아끼지 않는 사람은 하느님께 의탁하지 않을 수 없게 되고, 이런 악에 대한 유일한 치료제는 덕을 추구하는 것임을 받아들일 수밖에 없게 된다. 그래서 그는 이런 고통스러운 상태를 피하고 모든 죄의 기회들과 불완전하게 보이는 모든 것을 기쁜 마음으로 중단하게 된다. 이렇게 해서 처음에는 그에게 치명적인 것으로 보이는 시련들이 이제는 그로 하여금 전진하게 해 주고 하느님의 방식으로 더 많은 열정을 갖고 달려 나가며 자신에게 불쾌한 것은 무엇이든 거기로부터 재빨리 박차고 나오게 하는 자극제가 된다. 마지막으로, 이런 불모와 무미 체험을 통해 영혼이 견뎌 내어야 하는 고통과 노고는 이제 사랑스러운 정화제가 되고, 앞서 가르쳐 준 대로, 인내와 겸손을 갖고 이 모든 것을 이겨 내면 이런 것들이 결국은 하늘나라의 월계관을 받게 해 주는 위대한 보상으로 바뀐다. 내가 이 모든 것을 일반화하여 설명한 것은, 이런 신심 없음과 영적 메마름의 상태에 대해 슬퍼하거나 힘들어할 이유가 전혀 없고, 우리 내면의 평화를 이런 것들에게 희생으로 바치는 것도 장기적으로 볼 때 통탄할 만한 일이 아님을 알려 주기 위해서다. 사실 경험이 부족한 사람들은 하느님께서 손수 보내 주시는 것을 악마나 자신들의 죄로 돌리고, 하느님 사랑의 표지들을 미움의 표지로 오해하며, 그분의 신적 은혜와 손길을 자신들에 대한 미움과 망각이라고 고집하는 경향이 있다. 그리고 그들은 자신들이 한 모든 것이 성과가 없고 길을 잃어 파멸의 벌을 받은 것을 피할 수 없다고 생각하며 황망한 마음으로 살아갈 수 있다. 그런데 사실은 그들이 길을 잃은 것이 전혀 아니라, 이 모든 것이 우리에 대한 하느님의 위대한 선과 정성에서 나오는 것이다. 만일 그들이 이것을 철저히 믿을 수 있게 된다면, 그들은 자신들에 대해 힘들어하지 않을 것이고, 어떤 시련이나 기도와 신심의 부재, 다른 어떤 거룩한 수련 등 무엇이라도 그런 것들 때문에 내면의 평화와 고요함을 깨지도 않을 것이다. 반대로 그들은 새로운 용기와 항구함으로 모든 수단을 다해 그리고 모든 상황에서 하느님의 뜻을 실현할 목적으로 하느님 앞에 자신들의 영혼을 낮출 것이다. 그리고 이럴 때 하느님께서는 그 어떤 것이라도 선으로 보아 주시고, 그들은 자신들을 완전한 쉼과 고요함에 들게 하며, 어떤 일이 일어나든 그 모든 것을 지극히 너그러우신 아버지의 손에서 나오는 것으로 받아들일 것이다. 그리고 그들은 투덜거리거나 쓰라린 마음을 갖는 대신 매 순간 하느님께 새롭고 강렬하며 온정이 가득한 감사를 드릴 것이다. 그리고 그들은 조금의 시간 낭비와 내적 평화의 동요도 없이 감사드리며 손쉽게 기도의 수련에 임할 수 있을 때까지 희망 안에서 이 모든 것을 감수할 것이다.

14장

영혼이 자신의 실패와 불완전함으로 인해
불안해하지 않기 위해
사용해야 할 치료제는 무엇인가

어느 때라도 그대의 약함이 부정적인 쪽으로 치닫게 할 수 있다. 즉, 그대가 해야 할 것을 게을리함, 말하는 데 있어서의 주의 부족, 남에 대한 험담이나 적어도 다른 이들이 하는 험담을 들음, 무절제한 폭소, 호기심과 의심, 혹은 여타의 결함 등이 그런 것들인데, 이렇게 된다면 — 주의를 다 기울여 다시는 같은 잘못에 떨어지지 않겠다고 하는 가장 공식적이고 장엄한 목표를 세운 뒤에도 같은 잘못에 떨어진다 해도 — 그 어떤 것도 그대를 힘들게 하거나 불편하게 하지 말아야 하고, 또 과거의 것을 불안한 마음으로 성찰하지도 말며, 슬퍼할 또 다른 동기를 찾아내어 그대를 나무라고 혼란스럽게 하지 않도록 조심하라. 이는 마치도 그대가 이제 다시는 그런 잘못들을 고칠 수 있는 근거가 전혀 없다고 결론

짓는 것과도 같은 것이다. 이것은 옳은 길을 택하는 것이 아니다. 그대가 종종 잘못에 떨어지지 않으려고 노력한다 해도 그대는 그대가 가장 단호하게 결심하는 것과 관련하여 대부분 자신이 너무도 약하고 성실하지 못하다는 것을 발견하게 될 것이다. 이 모든 것은 그저 슬픔과 낙담하는 마음만 만들 뿐이다. 그러면서 수많은 두려움으로 영혼을 압박하고, 때로는 이미 언급한 대로, 더 높은 경지의 완덕에 이를 수 없음에 절망하며, 또 어떤 경우에는 그대의 불완전함과 나약한 결심으로 그렇게 되었다고 자신을 짓누르는 상황에 이르게 된다. 가끔은 그대가 그저 장난이나 농으로 하느님을 섬긴 것이 아닌가 하고 생각할 수도 있고, 그래서 그 결과로 그대가 불성실한 자신의 모습을 보면서 다시 그분께 의탁하거나 그분 앞에 서는 것을 너무나 부끄럽게 생각할 수도 있다. 그러므로 이렇게 세심한 사람들이 잡다한 것들을 생각하고 가늠하는데 얼마나 많은 시간을 허비하는지를 여실히 보여준다. 자신들 안에서 얼마나 오랫동안 혼란함이 계속됐는지, 그 죄의 본질이 무엇이며 얼마나 엄청난 죄인지, 그것이 완전한 동의에 의한 것이라면 그것을 의도적으로 범했거나 받아들인 건지, 그 죄를 짓지 않으려는 열망은 갖고 있었는지, 결국 그들이 그것을 거부했는지, 아니면 그 안에 더 오래 머물러 있었는지. 이렇게 더 생각하면 할수록 이해할 수 있는 것은 더 적어지고, 슬픔만 커진다. 그래서 그들이 고해성사를 준비하려고 할 때는 혼란과 괴로움만 생겨난다. 이런 성찰에 많은 시간을 들인 후에 그들은 결국 두려움을 갖고 고해성사를 보고 나서는 편안하게 생각할 것이 하나도 없어 죄를 전부 고하지 못한 것 같기도 하고.

적어도 모든 상황을 다 생각하며 제대로 성찰을 하지 못한 것 같다고 생각하게 된다. 이처럼 그들은 행복하지 않고 짜증스럽고 불안한 삶을 질질 끌며 살아가면서, 진보하기를 멈추고, 자신들의 큰 장점에 대해서는 생각도 할 수 없게 된다. 그렇다고 해서 자신들의 본성에 들어 있는 병약함과 하느님을 대하는 법에 대해서도 잘 알지 못한 채 그렇게 살아가는 것이다. 앞서 말한 것과 그대가 원한다면 거기에 보탤 수 있는 그 모든 비참함에도 불구하고, 그분과 함께할 때, 우리는 하나의 사랑 가득한 회개가 승리한다는 사실을 보게 되고, 특별히 소죄와 일상의 잘못들에 대해 상상 가능한 모든 슬픔과 성찰과 고찰보다도 더 많은 것을 얻을 수 있다. 그리고 일상적이지 않은 혼란[즉, 대죄]이 발생하게 된다 해도, 지혜로운 사람들이나 영적 신부에게 조언을 들으면 된다. 아니, 나는 조금 더 대담하게 말하고 싶다. 만일 하느님께서 어느 때라도 허락하신다면, 그대가 사랑 가득한 회개를 하고 하느님께 신뢰를 둔다 해도, 이런 것이 소죄이거나 일상의 죄뿐 아니라 더 큰 죄들의 근거가 될 수도 있다고 단언한다. 그렇다! 그런 잘못을 빈번하게 저지르는 상황이든 그저 약함 정도가 아니라 악의惡意 가득한 죄의 상황이든 간에, [영혼이] 하느님 선과 자비에 대한 사랑 가득한 확신과 모든 것을 내어 맡기는 사랑을 통해 도움을 받지 않는다면 고통스럽고 세심한 마음은 그것이 겪어 내는 뉘우침과 고통이 아무리 크다 하더라도 그것만으로는 영혼을 완덕에 오르게 할 수 없다. 그리고 죄의 상태에서 벗어나고자 하는 목적뿐 아니라 하느님과 일치하는 완덕에 이르고자 하는 목적을 지닌 이들에게는 반드시 이런 [확신과 내어 맡김]이 훨씬 더 필요하다. 그리고 선한 생각을 거의 할 수 없어, 늘 낙담하고 불편해하는 영을 지닌 이들은 다수가 이 [하느님께 대한 확신과 내어 맡김의 필연성]이 잘 이해되지 않을 것이다. 그들은 자신들의 상상만을 따르기에 그저 가련하고 연민에 찬 삶만을 살아가면서 이 참되고 건전하고 거룩한 가르침에는 작별을 고한 것이다.

15장

영혼이 어떻게 시간과 유익함을 잃지 않고
삶의 모든 전환점에서
자신을 차분하게 유지할 것인가

그다음에, 크든 작든 그대가 하는 모든 잘못에 대해 이 규칙과 방법을 적용해 보라. 그렇다. 하루에 만 번이나 그대가 같은 죄를 범하고, 그것도 실수로가 아니라 의도적이고 의지적으로 범한다 해도. 내가 말하니, 이 규정들을 어기지 말고 잘 지켜라. 그대가 언제라도 그대의 잘못을 발견하는 즉시, 그대 자신에 대해 괴로워하거나 불안해하지 말고, 오히려 즉각적으로 그대가 한 잘못을 인식하는 즉시, 겸손과 신뢰심을 갖고 그대의 잘못을 바라보며 하느님께 사랑스러운 눈길을 돌려 거기에 시선을 고정한 후 그대의 마음과 입으로 이렇게 말하라, "오, 주님, 제가 저의 꼴답게 이런 짓을 저질렀나이다. 사실 당신이 저에게서 기대하실 수 있는 것은 당신께 대한 이런 범죄 말고는 아무것도 없나이다. 그리고 저는 여기서 멈추지도 않았고, 그 모든 사악한 짓에 더 빠져 버리고 말았으니, 당신의 선이 그것을 허락하셨다면 제가 다시 온전해지게 해 주십시오. 저는 당신께서 저를 저버리지 않으셨음에 대해 무한한 감사를 드리며, 제가 한 잘못에 대해서는 참으로 죄송스러워합니다. 당신을 위해서, 그리고 사랑 자체이신 당신을 보아서 저를 용서해 주시고, 더 이상 당신을 거스르지 않게 은총을 주시며, 당신과의 친밀한 관계로 저를 다시 받아들여 주소서." 이렇게 하고 나서, 하느님께서 그대를 용서하지 않으셨을 것 같은 생각으로 시간을 허비하지도 말고 정신의 고요함을 잃지도 마라. 오히려 온전히 쉬며 그대가 어떤 잘못도 범하지 않은 듯이 그대의 수련을 계속하라. 그리고 나는 이것을 한 번만 아니라, 백 번도 넘게 말했지만, 필요하다면 다시 말한다. 매 순간, 처음처럼 마지막까지도 신뢰와 고요함을 유지하라. 왜냐하면, 하느님을 섬기면 다른 많은 은혜가 주어지기 때문이다. 결실 없는 핑계를 늘어놓느라 시간을 낭비하지 말고, 앞으로 나아가는 데 방해를 받지 마라. 오히려 반대로, 죄 자체는 그대가 은총으로 받는 수많은 유익함과 완덕으로 인해 사그라들고 만다. 나는 이런 [이해와 가르침]을 세심하고 불안해하는 영혼들에게 심어 주며 설득시키고자 한다. 그러면 그들은 그들이 발견하게 될 고요함의 상태가 얼마나 다른지를 곧 알게 될 것이고, 아직도 애써 가며 많은 시간을 낭비하는 이들의 보지 못함을 가련하게 여길 것이다. 이것을 잘 기억하라. 이것이 바로 모든 영적 진보의 열쇠이며 그 진보에 이르는 가장 짧은 길이기 때문이다.

    이 수련에 꼭 필요한 다른 지침은 여기에 싣지 못했다. 지금은 내가 그럴 여유가 없기 때문이다. 그런데 아마도 그대가 여기에 제시된 이 지침들을 활용하여 수련을 끝내고 나면 다른 지침이 나올 수 있을 것이다. 이것을 우선 열매를 맺을 희망과 바람을 갖고 차근차근 읽어라. 자비의 하느님께서 우리 가련한 인간들이 생각하고 이해하는 것보다 더 많은 것을 주실 것이다.

    그대가 특별한 완덕을 이루고 대죄의 상태에 빠지지 않게 하려는 목적으로 이 지침이 쓰였다는 것을 알아라. 이 명약은 매 순간 게으름으로 하느님을 거스르고 자신들의 삶을 온갖 사악함에 물들게 하는 사람들에게는 듣지 않는 약이다. 이런 이들에게는 오히려 고통과 잦은 비통함의 눈물 그리고 죄의 고백이 필요하다. 이렇게 할 때 그들은 그들의 잘못과 부주의로 인해 치료제마저도 잃을 수 있는 불행에서 벗어날 수 있기 때문이다.

옮긴이의 소회(素懷)

　'하느님'이라는 존재는 실제로 시공에 제약을 받지 않는 초월적 존재이시므로, 유한한 존재인 인간이 '하느님'에 대해 어떤 단어로도 명명할 수 없습니다. 그래서 구약의 전통처럼 가톨릭교회는 모세에게 계시하신 하느님 이름 '야훼'라는 단어를 우리 입에 올리지 않도록 권하고 있습니다. 우리가 절대적이고 무한한 존재인 하느님을 명명하는 순간 이미 '하느님'이라는 존재에 한계를 지어 주기 때문입니다. 노자의 도덕경에서도 비슷한 이유로 절대적이고 궁극적인 존재를 명명할 수 없다고 하여 '태극' 혹은 '무극'이라는 별칭을 사용합니다.

　하지만 그리스도교는 세상 모든 종교 중 유일하게 이런 초월적 존재인 '하느님'이 피조물인 인간이 되어 내재하시는 분이라는 점을 아주 강조하여 상기시켜 줍니다. 달리 말하자면 우리 그리스도교의 하느님은 전제적 군주처럼 세상과는 별개로 멀리 존재하며 관망하시는 분이 아니라 세상에 개입하며 당신이 만드신 피조물과의 관계성 안으로 깊이 들어오시는 분입니다. 특별히 이런 그리스도교의 하느님은 한 분이시지만 삼위의 관계성 속에 계시는 분입니다.

'기도'는 바로 이런 하느님의 선제적 관계 맺음 안에 초대되는 것이고, 그 안에 머물며 관계성을 나누는 것이 바로 '묵상'이라고 할 수 있습니다. 여기서 조금 더 높은 차원으로 가 이성이나 논리를 넘어서 사랑 가득한 상호 바라봄의 복을 누리는 것을 '관상'이라고 할 수 있지 않겠습니까?!

사실 이것은 말로 하긴 쉬워도 실행하기는 참으로 어려운 일입니다. 우리는 자주 '기도가 무엇인가?' '기도는 어떻게 해야 하는가?' 등의 질문을 하기도 합니다.

기도하는 것이 과연 정말로 어렵고 복잡한 것일까요? 이 책의 본문에서 알칸타라의 성 베드로가 언급하고 있지만 사실 기도는 하느님 은총에 의해 이루어지는 것이기에 이 하느님 은총에 의한 초대에 단순히 응답하기만 하면 됩니다. 그런데도 우리는 복잡하고 소란스러운 이 세상을 살아가면서 이 기도의 중심에 들어서기를 참으로 어려워합니다. 아마 우리가 너무도 세상의 논리, 혹은 정신구조에 깊이 물들어 있어 그런 것은 아닐까요?! 즉, 우리는 하느님의 무한하지만, 너무도 단순한 사랑과 자비와 용서의 관계 맺음의 초대를 우리의 복잡한 논리로 인해 이해하지도 받아들이지도 못하기에 기도하기를 참으로 어려워하는 것은 아닌지 모르겠습니다. 게다가 우리는 기도할 때마저도 효력과 효과를 내는 것만을 기대하며 우리의 이성작용을 쓸데없이 많이 사용하며 기도한다고 하는 것은 아닌지도 모르겠습니다.

프란치스코 교황님께서 이런 말씀을 하신 적이 있습니다. "우리 그리스도인들이 벗어나야 할 가장 심각한 사이비종교는 '효과의 사이비종교'입니다."

이런 우리의 정신구조, 혹은 정신세계를 변화시키려는 노력이 없는 한 우리는 절대 기도할 수 없을지 모릅니다. 왜냐하면, 기도는 본질적으로 하느님의 선제적인 은총의 초대에 응답하는 것이기 때문입니다.

이 책에서 알칸타라의 성 베드로는 이런 부분을 잘 설명해 주고 있습니다. 성 베드로는 이 책을 통해서 우리에게 단순하게 우리의 한계와 부족함을 보고, 단순하게 하느님의 사랑과 용서와 자비를 바라보라는 사랑 가득한 초대를 하고 있습니다.

비록 작은 책자이지만 이 책의 첫머리에서 성 베드로가 말하듯이 이 책이 단순히 한 번의 독서로 끝나는 책자가 아닌 우리가 자주 바라보며 기도하는 데 도움을 받는 우리 손안에 있는 안내 책자가 되기를 바랍니다.

이 책자를 번역하면서 저는 제가 그간 참으로 기도하지 못했다는 것을 절감했습니다. 그렇게 많은 시간(성 베드로는 적어도 하루에 두 시간을 권고함)을 이런 개인적 묵상기도에 할애한다는 것이 그저 어렵다고만 생각했었기에 필요한 공동기도 외에 최소한의 개인기도(묵주기도나 하느님 자비기도 등과 같은 개인 신심 기도들과 개인 묵상)에 시간을 할애해 왔던 것이 사실이었기 때문입니다.

그러면서 십여 년 전 국제회의에 참석했을 때 그 회의에 참석하여 저와 매일 저녁 대화를 나누었던 파키스탄 보호구의 한 형제로부터 들었던 말이 떠올랐습니다. "우리 신앙과 수도 여정의 삶에서 가장 중요한 것은 '시간을 허비하고자(wasting time) 하는 자세'입니다."

오랫동안 우리 뇌와 정신을 지배해온 이해利害 계산의 사고는 우리로 하여금 부지불식간에 기도에 시간을 투자하는 것이, 하느님의 사랑과 선과 용서를 바라보고 음미하는 시간이 이 세상의 삶에 실질적인 효과를 전혀 주지 않는다고 생각하게 하는지도 모르겠습니다.

모쪼록 독자 여러분 모두에게 이 작은 책자가 우리의 모든 부족함 안에서도 우리를 사랑해 주시고 끌어안아 주시는 예수 그리스도와 인격적으로 만나 삼위일체 하느님의 사랑과 선을 더 깊이 음미하고 살아갈 수 있게 해 주는 여러분의 가장 소중한 책자 중 하나가 되기를 기도합니다.

2020년 8월 7일
정동 성프란치스코수도원에서
호명환 가롤로 형제